**RAZONES
DESDE LA OTRA ORILLA**

NUEVA ALIANZA - 169

16 ediciones en Editorial Atenas

Obras de J. L. Martín Descalzo
publicadas por Ediciones Sígueme:

- *Razones para la esperanza* (NA 165 y Bolsillo 2)
- *Razones para la alegría* (NA 166 y Bolsillo 3)
- *Razones para el amor* (NA 167 y Bolsillo 4)
- *Razones para vivir* (NA 168 y Bolsillo 5)
- *Razones desde la otra orilla* (NA 169 y Bolsillo 6)
- *Las razones de su vida* (Bolsillo 1)
- *Razones,* obra completa (NA 170)
- *Vida y misterio de Jesús de Nazaret* I, Los comienzos (NA 103)
- *Vida y misterio de Jesús de Nazaret* II, El mensaje (NA 104)
- *Vida y misterio de Jesús de Nazaret* III, La cruz y la gloria (NA 105)
- *Vida y misterio de Jesús de Nazaret,* obra completa (NA 114)
- *Apócrifo de María* (Pedal 212)
- *Diálogos de pasión* (Pedal 213)
- *Un cura se confiesa* (ED 19)

JOSÉ LUIS MARTÍN DESCALZO

RAZONES
DESDE LA OTRA ORILLA

CUADERNO DE APUNTES V

DECIMOSÉPTIMA EDICIÓN

Ediciones Sígueme
Salamanca 2002

Cubierta diseñada por Christian Hugo Martín

© Ediciones Sígueme, S.A., 2000
C/ García Tejado, 23-27 - E-37007 Salamanca / España

ISBN: 84-301-1401-7
Depósito legal: S. 27-2002
Maquetación: Isabel Martín Macías y Andrés Vaquero
Impreso en España
Imprime: Gráficas Varona
Polígono El Montalvo, Salamanca, 2002

ÍNDICE

Presentación 11
1. Peras con canela 13
2. Los que no servimos para nada 18
3. La noche de Adán 21
4. Contra la indecisión 24
5. A corazón abierto 27
6. Decálogo de la serenidad 30
7. Los tres consejos 33
8. La tarta de Viena 36
9. Ochenta años 39
10. Hacer la paz 42
11. Un gran privilegio 45
12. El hombre que cantaba villancicos 48
13. El undécimo mandamiento 51
14. El pecado de la tristeza 54
15. La sangre del pueblo 57
16. Cinco veces más 60
17. El día en que descubrí el silencio 63
18. Los maridos-sartén 66
19. El último milagro del padre Llorente 69
20. La sordera de Dios 72
21. Cuaderno de la sencillez 75
22. Felicidad es comunidad 78
23. Gente feliz 81
24. El hombre que gastaba bien su dinero 84
25. Resucitar con mi pueblo 87
26. Setenta veces siete 90
27. Las causas de la melancolía 93
28. Miedo al hijo 96
29. No somos dioses 99

30	El centinela	102
31	La culminación del aburrimiento	105
32	Regalo de cumpleaños	108
33	Esto de ser hombre	111
34	El chupete	114
35	Los sueños y los estudios	117
36	La espeleología del alma	120
37	Dos jóvenes furiosos	123
38	Me siento un marciano	126
39	¡Eso es un hombre!	129
40	La vela de la caja de cristal	132
41	¡Hombre, claro, si se siembra...!	135
42	Historia de hace cien años	138
43	Los defectos del prójimo	141
44	Una muchacha japonesa	144
45	Un niño ha renacido	147
46	La vida a una carta	152
47	La traición de las aristocracias	155
48	Los semimuertos	158
49	Adónde vamos a parar	161
50	Un día perdido	164
51	Déficit de consuelo	166
52	Los que no piensan nunca	169
53	Decir la verdad	171
54	La verdadera grandeza	173
55	La verdad avinagrada	175
56	Un espíritu pacífico	177
57	Dos maneras de hacer las cosas	179
58	Vivir sin riesgos	181
59	Los ángeles neutrales	183
60	El gran tapiz	185
61	Cura de cielo limpio	187
62	Sangrar o huir	189
63	El detalle	191
64	Los buenos negocios	193
65	Una niña da gracias	195
66	El baúl de los recuerdos	197
67	Un sillón de ruedas	199
68	La enfermedad	201
69	La «mojigata»	205
70	El transistor en el cuerno	207
71	La corrupción secreta	209
72	Los huérfanos	211
73	Las manos	213
74	El tapaagujeros	215

75	El pecado original	217
76	El diagnóstico y el tratamiento	219
77	Batir un récord	221
78	La rata sin esperanza	223
79	La pirámide	225
80	Héroes de nuestro tiempo	227
81	Detrás de la soledad	229
82	Buena presencia	231
83	El corazón líquido	233
84	El nuevo ídolo	235
85	Y el séptimo, descansó	237
86	Jueves Santo: la hora del vértigo	239
87	Cuando dos hombres se dan la mano	243

PRESENTACIÓN

Este último libro de Martín Descalzo no es fruto de una improvisación oportunista. Lo tenía planeado el autor para cerrar —pensaba él— esta colección de sus «Razones», que tan a gusto acogen infinidad de lectores. Él era el primer asombrado, sobre todo al comprobarlo personalmente en las agotadoras sesiones pasadas en las ferias del libro para firmar sus ejemplares. Por la caseta desfilaba una multitud de gentes —no es exageración— que acudían para felicitarle, para pedir consejo, para rogarle que no dejara de escribir. Eran las colas más largas de la feria.

Fatigado hasta la extenuación los últimos años, minado ya por su enfermedad, seguía y seguía al pie del cañón, consciente de que sus palabras y sus dedicatorias personalizadas y jugosas estaban evangelizando a toda aquella gente: mayores, medianos, jóvenes —sí, también jóvenes— que proclamaban con entusiasmo no disimulado las vivencias provocadas por su palabra escrita o hablada a través de la televisión. El gozo que sentía entonces superaba todo cansancio.

Cada vez que le entregábamos ejemplares de las repetidas ediciones de sus libros hacía el mismo comentario: «¿Cómo es posible que unos sencillos artículos tengan tal impacto en la gente?». Pero su humildad asombrada tenía que rendirse ante la evidencia.

Muchas veces se prometió a sí mismo cerrar la serie de sus «Razones», como si sintiese pudor de repetir ideas ya expresadas *con anterioridad: pensaba que todo el mundo las conocía. Pero los centenares de cartas que recibió instándole a seguir publicándolas le obligaban a incumplir el propósito.*

«Lanzas un pájaro a volar y, de pronto, te encuentras que él solito hace nido en miles de corazones», decía él cuando, al salir Razones para el amor, *hablaba de su tercera y última entrega.*

Este pájaro póstumo, que hoy inicia su vuelo, encontrará también nido caliente en muchas almas que lo quisieron y admiraron; más ahora, cuando el pájaro solitario emprendió el vuelo definitivo hacia los brazos de Dios, a quien amó apasionadamente.

El editor

1
PERAS CON CANELA*

¿Fue aquélla la noche más hermosa de la historia? Fue, al menos, una de las más dramáticas y tiernas que haya conocido el corazón humano. Fray Juan, el «medio fraile» de santa Teresa, acaba de asomarse a la ventana de arco del convento que da al Tajo y vuelve a calcular mentalmente la altura que tiene que descender con el atadijo de tiras de manta que se ha hecho y el salto –metro y medio– que tendrá que dar aún, cuando su apaño se acabe. Sabe que tendrá que saltar con mucho cuidado de quedar bien pegado a la pared, pues, si lo hace un par de varas más allá, rodará por la pendiente rocosa de la cuenca del río. Atrás van a quedar los nueve meses en los que sus ¿hermanos? los calzados le mantuvieron encerrado no en una cárcel, sino en una cueva de seis pies de ancho por diez de largo, y que no tenía más luz que un ventanuco de muy pocos centímetros, abierto allá arriba, lejos de su alcance. Allí ha vivido esos nueve meses; allí ha pasado las heladoras noches toledanas en invierno y el calor sofocante de los últimos días del verano. Ni siquiera ayer, que era el día de la Asunción, le han concedido el placer de poder decir misa. Y esto último es lo que ha precipitado la decisión del fraile: hay que huir de esta prisión, huir como sea.

Por eso está ahora frente a esta ventana en una noche de alta luna. Se asegura de que en uno de los bolsillos de su hábito va su único tesoro: esos papeles en los que, con un lapicero, ha podido

* Ante el IV Centenario de San Juan de la Cruz.

copiar unas canciones de amor sagrado que fue componiendo en los días de máxima amargura.

Y es que este fray Juan, en lugar de dejarse llevar por la tristeza o el resentimiento, ha dedicado sus largas horas de soledad a escribir, primero mentalmente, después, por la bondad de un carcelero que le presta papel y lápiz, por escrito, por si la traidora memoria traspapela algún adjetivo. Esos papeles son, él no lo sabe, ni siquiera lo sospecha, la página más hermosa que escribió jamás la poesía castellana, unos «versillos» ante los que –sólo que muchos siglos más tarde– se extasiarán las generaciones. Ahora van allí, arrebujados en el bolsillo del hábito del fraile.

Hábito del que ahora se desprende para bajar mejor, medio desnudo, por la trenza que ha hecho con sus mantas cortadas a tiras. Hábito que volverá después a ponerse, temblándole aún el corazón, después de la peripecia del salto.

Y ahora vendrá el verdadero drama de la noche. ¿Cómo salir de este patio-corral en el que ha caído y que parece no tener escala ni salida? ¿Cómo moverse después en la noche por esta ciudad que desconoce? ¿Acaso podría a esas horas encontrar el convento de sus monjas reformadas? ¿Le abrirían las carmelitas la puerta si llamaba a esas horas?

Tendrá que vagabundear por las calles toledanas esperando que la suerte le ampare. Un grupo de verduleras que dormitan al pie de sus puestos, al verle ojeroso, roto de traje y descalzo, piensan que el fraile viene de una sucia correría nocturna y «le baldonan con palabras soeces», como alguien contará mucho más tarde, cuando se haga el proceso de beatificación de este frailecillo.

Al fin, tras pasar el resto de la noche en un portal que tiene la caridad de prestarle un caballero, podrá muy de mañana llamar a la campanilla de «sus» monjas. Y hay en el convento un revuelo de hábitos cuando, tras el torno, dice su nombre el fugitivo. Las monjas –¡ay, los escrúpulos de conciencia!– se preguntan si pueden y deben recibirle. Al fin, como son listas, encuentran la disculpa canónica para hacerlo: hay una religiosa enferma que ayer pidió confesión. Fray Juan podrá hacerlo y de paso refugiarse de momento.

Las monjas, al verle, se asustan: tan macilento está, tan sin fuerzas hasta para hablar. Temen las monjas que se les muera de un momento a otro; mas como presienten que sus carceleros, los calzados, estarán a estas horas buscándole ya por todas partes, sin acordarse siquiera de darle de comer, cuidan, ante todo, de ocultarle. Y vienen, efectivamente, sus guardianes y registran minuciosamente convento e iglesia, pero las monjas son suficientemente listas como para ocultarle.

Al fin, cuando ha pasado el mediodía, dicen las monjas a fray Juan que no puede continuar tantas horas en la clausura, pero que bien podrá esperar en la iglesia y así, a través de las rejas, hablarles de su aventura espiritual de estos nueve meses. Y sólo ahora recuerdan que por fuerza ha de estar hambriento. Pero, ¿qué prepararle a este estómago que durante meses no ha salido del pan y las sardinas?

Yo me he permitido contar esta escena en un pequeño soneto, que se titula como este artículo y dice así:

> *Mientras el cielo está de centinela,*
> *al fraile con el cuerpo malherido*
> *las monjas conmovidas le han servido*
> *unas peras cocidas con canela.*
>
> *Lee el fraile al amparo de una vela*
> *unas pocas canciones, que ha podido*
> *rescatar de la cárcel, donde ha sido*
> *huésped, cautivo, pájaro y gacela.*
>
> *Son canciones de amor sobre el Amado*
> *que huyó como una cierva en la espesura*
> *dejando a quien le busca des-almado.*

> *Y las monjas, ardiendo de alegría,*
> *escuchan a este fraile desmedrado,*
> *mientras la fruta se le queda fría.*

Así, así fue. Ante un plato de peras con canela, que permanece olvidado junto a la reja que separa la iglesia del coro de las monjas, se oyeron por primera vez aquellas palabras milagrosas:

> *¡Oh llama de amor viva*
> *que tiernamente hieres...!*

O las de aquel alma que se volvía a su Dios clamando:

> *¿Adónde te escondiste,*
> *Amado, y me dejaste con gemido?*

Y mientras el fraile recita mansamente sus poemas, hay una monja que los va copiando. Y toda la comunidad está de acuerdo en que «era un gozo oírle».

Un gozo. Eso fue, eso era. Porque parece que va llegando la hora de que reivindiquemos para Juan de la Cruz el ser no «el poeta de las nadas», sino el hombre del gozo y del deleite. ¿Sabían ustedes que esta palabra, «deleite», es la que más se repite en las obras del gran místico?

Hay hoy, por fortuna, un reencuentro con este nuevo rostro del poeta de Fontiveros, ese rostro que representan las «peras con canela» o los esparraguillos misteriosos que se encontró cuando caminaba hacia la muerte. ¿Por qué se ha contrapuesto con tanta frecuencia a Juan de la Cruz con Francisco de Asís, cuando será tan difícil averiguar quién de los dos gana en ternura, en tener el corazón de cristal para los demás, dejando sólo para sí mismo las disciplinas y las durezas de la subida al Carmelo?

Alguien –el padre Bengoechea– acaba de publicar un gran ensayo sobre *La felicidad de san Juan de la Cruz*. Otros de sus seguidores buscan ahora su auténtico rostro humano. Y no tengan ustedes miedo de que, por eso, baje de las alturas de la mística. El «rostro alegre» que siempre se le veía, según sus contemporáneos, no es precisamente lo que aleja de la hondura de Dios.

Bien lo entendió aquella liebrezuela de Peñuela que, durante el incendio que se produjo en aquel lugar, junto al convento de los descalzos, huyendo del fuego, se fue a refugiar «en la falda del hábito del padre Juan», y cuando otros religiosos «la cogieron, teniéndola por las orejas, por dos veces se les huyó, y se iba adonde estaba el dicho Santo y se echaba en su falda». ¡Y qué envidia tengo yo de aquella liebre!

2
LOS QUE NO SERVIMOS PARA NADA

Yo estoy convencido de que los hombres no servimos para nada, para casi nada. Cuanto más avanza mi vida, más descubro qué pobres somos y cómo todas las cosas verdaderamente importantes se nos escapan. En realidad es Dios quien lo hace todo, quien puede hacerlo todo. Tal vez nosotros ya haríamos bastante con no enturbiar demasiado el mundo.

Por eso, cada vez me propongo metas menores. Ya no sueño con cambiar el mundo, y a veces me parece hasta bastante con cambiar un tiesto de sitio. Y, sin embargo, otras veces pienso que, pequeñas y todo, esas cosillas que logramos hacer podrían llegar a ser hasta bastante importantes. Y entonces, en los momentos de desaliento, me acuerdo de una oración de cristianos brasileños que una vez escuché y que no he olvidado del todo, pero que, reconstruida ahora por mí, podría decir algo parecido a esto:

–Sí, ya sé que sólo Dios puede dar la vida; pero tú puedes ayudarle a transmitirla.

–Sólo Dios puede dar la fe; pero tú puedes dar tu testimonio.

–Sólo Dios es el autor de toda esperanza; pero tú puedes ayudar a tu amigo a encontrarla.

–Sólo Dios es el camino; pero tú eres el dedo que señala cómo se va a Él.

–Sólo Dios puede dar el amor; pero tú puedes enseñar a otros cómo se ama.

–Dios es el único que tiene fuerza, la crea, la da; pero nosotros podemos animar al desanimado.

–Sólo Dios puede hacer que se conserve o prolongue una vida; pero tú puedes hacer que esté llena o vacía.

–Sólo Dios puede hacer lo imposible; sólo tú puedes hacer lo posible.

–Sólo Dios puede hacer un sol que caliente a todos los hombres; sólo tú puedes hacer una silla en la que se siente un viejo cansado.

–Sólo Dios es capaz de fabricar el milagro de la carne de un niño; pero tú puedes hacerle sonreír.

–Sólo Dios hace que bajo el sol crezcan los trigales; pero tú puedes triturar ese grano y repartir ese pan.

–Sólo Dios puede impedir las guerras; pero tú puedes no reñir con tu mujer o tu hermano.

–Sólo a Dios se le ocurrió el invento del fuego; pero tú puedes prestar una caja de cerillas.

–Sólo Dios da la verdadera y completa libertad; pero nosotros podríamos, al menos, pintar de azul las rejas y poner unas flores frescas en la ventana de la prisión.

–Sólo Dios podría devolverle la vida del esposo a la joven viuda; tú puedes sentarte en silencio a su lado para que se sienta menos sola.

–Sólo Dios puede devolverle las fuerzas a un anciano; tú puedes demostrarle que no está solo y que sus opiniones te siguen interesando.

–Sólo Dios puede inventar una pureza como la de la Virgen; pero tú puedes conseguir que alguien, que ya las había olvidado, vuelva a rezar las tres Avemarías.

–Sólo Dios puede salvar el mundo porque sólo Él salva; pero tú puedes hacer un poco más pequeñita la injusticia de la que tiene que salvarnos.

–Sólo Dios puede hacer que le toque la Primitiva a ese pobre mendigo que tanto la necesita; pero tú puedes irle conservando esa esperanza con una pequeña sonrisa y un «mañana será».

—Sólo Dios puede conseguir que reciba esa carta la vecina del quinto, porque Dios sabe que aquel antiguo novio hace muchos años que la olvidó; pero tú podrías suplir hoy un poco esa carta con un piropo y una palabra cariñosa.

—En realidad, ya ves que Dios se basta a sí mismo; pero parece que prefiere seguir contando contigo, con tus nadas, con tus casi-nadas.

3
LA NOCHE DE ADÁN

Joaquín A. Peñalosa describe en su *Diario del Padre Eterno* lo que tuvo que ser para Adán la primera noche de la historia. Acostumbrado a la luz deslumbrante de la recién nacida creación, tuvo su cabeza que abarrotarse de preguntas cuando el primer sol se puso y la oscuridad se apoderó del mundo. Tal vez se volvió a Dios para preguntarle si era que «se acababa el mundo o que se había quedado ciego».

Y quizá dijo: «Es terrible esta demolición. No puedo ver ni la cercanía de mis manos. Del paraíso no ha quedado sino un frío montón de sombras. Hoy sé que eran vanos los tesoros del día». Y le gritaría a Dios para inquirir «si esto tiene fin. Me has dejado ausente del mundo, fuera de mi casa, perdido en un túnel infinito. Ciego y aterrado. ¿Qué hiciste con el sol, Padre?».

Efectivamente: esa noche que nosotros aceptamos con toda normalidad, como parte del tiempo, porque sabemos por experiencia que mañana regresará el sol, ¿qué tuvo que ser para quien no la conocía, para quien no podía saber si mañana regresaría el sol?

Sin duda para él tuvo que ser doloroso ir descubriendo que Dios había partido el tiempo en dos y que la noche y el día eran para cosas distintas (trabajar y descansar), pero las dos eran partes integrantes de una misma realidad temporal. Y tal vez hasta llegó a descubrir que el mundo no sería vividero si sólo existiese, siempre a todas horas, la luz cegadora del sol. Entendería que la vida humana se apoya en esos dos bastones y descubriría que hasta tal punto nuestro cuerpo se acostumbra a esa alternancia que, cuando en nuestra época se introduce esa fórmula de adelantar o retrasar los relojes, durante un cierto tiempo el cuerpo tarda en acostumbrarse y hasta se duerme mal por algunos primeros días.

Escribo todo esto pensando que, si en lo cronológico hay un día y una noche, también en el camino de la felicidad humana hay días y noches, horas de gozo abierto y horas de dolor, esperanzas y amarguras, días o meses en los que todo lo vemos claro y otros en los que la oscuridad invade los ojos del alma. ¡Y ambos son parte de la realidad!

Maldecimos del dolor y las dificultades lo mismo que Adán maldijo la primera noche. Pero ¿qué sería de la existencia humana sin esa sal? ¿Seríamos más humanos si sólo rodaran por el alma horas de felicidad?

Pienso yo que todo hombre sensato debe asumir el cruzarse de la felicidad y el dolor lo mismo que ha asimilado y aceptado que tras el día venga la noche y lo mismo que sabe que «cada noche pare un día».

¿Es que la adversidad puede engendrar felicidad? Puede, al menos, engendrar muchas cosas: hondura de alma, plenitud de la condición humana, nuevos caminos para descubrir más luz, para acercarse a Dios.

Fray Luis de Granada escribió: «Tiene particular fuerza la noche como para adormecer los cuerpos, así también para despertar las almas y llevarlas a que conversen con Dios». Es cierto: ¿cuántos humanos han encontrado a Dios o se han encontrado a sí mismos en la adversidad?

Claro que, para entender la noche y la adversidad, hace falta tener muy aguzada el alma. Los chinos suelen decir que «los pájaros cantan durante el día y durante la noche cantan las aguas de la montaña». Aunque no todos tengan oído suficiente para escuchar este segundo y más secreto canto.

Tal vez por eso los místicos han elogiado siempre las virtudes de la noche. La del cuerpo y la del alma. San Juan de la Cruz lo sabía como nadie: «Oh noche que guiaste! ¡Oh noche amable más que la alborada!». Pero ¿cuántos humanos reconocerán que la adversidad es o puede ser más amable que la alborada de la felicidad?

No hay que tenerle miedo al dolor, lo mismo que no le tenemos miedo a la noche. Sabemos que el sol sigue existiendo aunque no le veamos. Sabemos que volverá. Dios no desaparece cuando sufrimos. Está ahí de otro modo, como está el sol cuando se ha ido de nuestros ojos.

Lo malo es cuando los hombres despilfarramos el dolor y nos portamos como los noctámbulos (en el sentido más triste de esta palabra).

«Hay —escribió Bernanos— una hora avanzada de la noche en la que los juiciosos hacen el tonto y los tontos no dejan de hacerlo». Es cierto: ¿Hay algo más triste que una persona sensata que, a las tres de la mañana, atiborrada de estupidez y vino, se dedica a parecerse a toda la gente que, durante el día, desprecia? ¿Y cuántos humanos son «noctámbulos de dolor», gentes que, reconociendo que es parte de su vida, lo mismo que la noche es parte del día, se dedican a emborracharse de amargura y tristeza en lugar de descubrir las potencialidades de ese dolor?

Rostand aseguraba que «es durante la noche cuando resulta más hermoso creer en la luz». Es cierto: y durante la adversidad es cuando más hermoso resulta creer en el amor.

4
CONTRA LA INDECISIÓN

Vinoba Bahve, el predilecto de los discípulos de Gandhi, tenía una virtud que era muy apreciada por sus alumnos: la de ver las cosas con claridad y decidirlas aún con mayor rapidez y sin vacilaciones. Con frecuencia alguno iba a consultarle, y entonces el maestro dejaba caer la azada y tomaba la rueca para poder escuchar mejor. El alumno contaba ahora su problema con todo cúmulo de divagaciones y circunloquios, y el maestro siempre acababa cortando:

–Vamos al grano. Resumo lo que usted ha dicho.

Y el consultante veía, casi aterrado, cómo toda su historia se reducía a una forma precisa como una ecuación.

–¿Es exacta? –preguntaba el maestro.

–Sí, exacta –contestaba el alumno con ojos inquietos y rostro desencajado.

–La solución –decía entonces el maestro– es sencilla.

–Sí –respondía el otro–, es sencilla –y explicaba cómo ya la había visto él. Pero lo malo –añadía– es que es terriblemente difícil.

–No es culpa ni tuya ni mía que sea difícil –decía el maestro–. Ahora vete y obra según las conclusiones que tú mismo has sacado. Y no me hagas perder tiempo a mí pensando una misma cosa dos veces y no pierdas tú el tiempo pensando en si es difícil o no: Hazla.

Y es que Vinoba, que tan rápidamente comprendía, emprendía, partía, renunciaba en un instante, sabía sobre todo liberar a la gente del peor de los males, que es oscilar entre propósitos opuestos. Sabía empujar la más difícil de las tareas, que es la de empezar a hacer cualquier cosa en seguida.

Me parece que cualquiera que conozca un poquito la historia de las almas entenderá a la perfección este consejo de Vinoba: es siempre muchísimo mayor el tiempo que perdemos en tomar una decisión que en realizarla, y de cada cien cosas que dejamos de hacer, tal vez quince o veinte las abandonamos porque las creemos un error, mientras que las otras ochenta las dejamos por falta de coraje, aun estando seguros o casi seguros de que hubiéramos debido emprenderlas.

Y es que empezamos con que, al encontrarnos ante un dilema, carecemos casi por completo de objetividad para valorar los pros o los contras. En muchos casos nos ciega la simple ilusión, la vanidad de ocupar tal o cual puesto y nos lanzamos a él sin haberlo meditado en absoluto. En otros casos, los más, las vacilaciones se apoderan de nosotros: «¿Y si no sirvo? ¿Y si luego me sale mal? ¿Y si no me entiendo con los nuevos jefes? ¡Con lo cómodo que estoy donde estoy!». Y las preguntas crecen y crecen, y las dificultades —muchas puramente imaginarias— se cruzan en el camino o dejamos que el tiempo pase y las ocasiones se pierdan para acabar después, tal vez toda la vida, añorando aquella ocasión que tuvimos y no aprovechamos.

Y esto ocurre en lo profesional, en el amor, en lo espiritual, en todo. Cruzan por toda la vida muchos trenes que, por un momento, nos parecieron los nuestros, pero a los que dejamos ir para que luego se aplique aquel tristísimo verso de Machado: «El amor, amigo, pasó por tu casa. Pasó por tu puerta, dos veces no pasa».

No estoy, lógicamente, apostando por la precipitación, pero sí advirtiendo del venenillo de la indecisión, de las esperas de príncipes azules en el amor y de ese maravilloso encuentro con Dios que se tendrá un día, mientras Él llama todos los días muerto de frío a la puerta de las casas.

Las aventuras son para entrar en ellas. Escribió en cierta ocasión Hebbel: «Si te atrae una lucecita, síguela. ¿Que te conduce a un pantano? ¡Ya saldrás de él! Pero si no la sigues, toda la vida te martirizarás pensando que acaso era tu estrella».

Aparte de todo esto hay algo bastante evidente: aun en la decisión más confusa hay fragmentos clarísimos. A mí me llegan, por ejemplo, muchachos con ciertas dudas de fe o de orientación de sus vidas, y yo siempre les pregunto: Vamos a ver cuáles son las cosas que ves claras y cuáles las confusas. Y ahora vamos a empezar a trabajar juntos en las que veamos claras; luego, sobre la marcha, se nos irán aclarando las confusas. Por ejemplo: es claro que todo hombre tiene obligación de amar a sus semejantes; pues empecemos por amar, por ser buena gente, por llenar nuestras vidas. Porque no es verdad que el amor nazca siempre de la fe; lo más corriente es que la fe se aclare en un corazón que ya ama.

Por lo menos, en todo caso, eso no nos dejará perdidos en la Babia de la indecisión, sin hacer nada. Estaremos haciendo algo, y lo que hagamos amando no será agua perdida.

5
A CORAZÓN ABIERTO

Hay un problema en el que los escritores nos pasamos la vida peleándonos con nosotros mismos y sin terminar nunca de aclararnos, y es la razón por la que escribimos: ¿Lo hacemos por vanidad, por dinero, por afanes de ayudar a alguien, por la fama, porque no sabemos hacer otra cosa? La verdad es que, probablemente, hay tantas respuestas como escritores y que, incluso, un mismo escritor va cambiando de metas a lo largo de los años y, a veces, hasta en el curso de pocos días.

Los que escriben por dinero se equivocan, ciertamente. Porque hay mil actividades humanas en las que ganarían más y con menos esfuerzo. Son poquísimos los autores para quienes la pluma acaba resultándoles rentable, a no ser que, como suele decir un amigo mío escritor, tengan, como él, además, una granja avícola.

Más compasión merecerían los que escriben por la fama que pueden conseguir. ¿Hay algo más casquivano que la fama, algo que dependa más de las circunstancias y menos de la verdadera calidad? ¡Cuántos escritores vivieron en palmitas de su público y fueron olvidados a los poquísimos años de su muerte! Y, viceversa, ¡cuántos no fueron conocidos en vida y sólo mucho después de su muerte –a veces hasta cuatro siglos después, como le ocurrió a san Juan de la Cruz– alcanzaron el esplendor de su nombre! Y, en definitiva, ¿qué hay que sea más decepcionante que la fama, que te puede divertir en un primer momento, pero que te hastía una vez que la has saboreado en algo?

Y hay quienes escriben por la belleza, por el logro de la perfección: no morirse sin dejar un poema o una página «definitivos». Pero ¿hay algo más subjetivo que la belleza y la perfección? La valoración de una obra tiene tantas variantes como lectores. Y, por lo demás, un poema perfecto ¿produce mayor placer que el de tener una joya en el dedo anular de la mano derecha?

Muchos escriben –y esto así lo entiendo yo– no por egoísmo; pero sí para «ser queridos» Y digo que lo entiendo porque todo ser humano es un pordiosero de amor, un mendicante de cariño. Aquí sí que es insaciable el alma humana, tan desvalida, tan hambrienta de caricias. Y, efectivamente, ser querido es un premio por el que todo trabajo es pequeño.

Pero aún más grande es, me parece a mí, el escritor que escribe porque quiere él, o, más claro: el que lo hace como un acto de servicio, para ser útil él a sus posibles lectores.

Voy a confesar ingenuamente que a mí me gustaría ser uno de estos últimos. De hecho, cuando alguien me dice: «¡Qué bonito era tal o cual artículo!», apenas siento placer alguno. Te gusta gustar, claro. Pero para mí, el gran elogio es cuando alguien me dice: «¡Qué útil me fue tal artículo!» o «¡Cuánto me ayudó!».

Pero ahora viene el mayor de los problemas: ¿Cómo y en qué puede un escritor ayudar a sus lectores? No crean ustedes que la respuesta es fácil, porque aquí las cosas vuelven a dividirse, ya que hay escritores que inquietan y escritores que aquietan; los que entienden su pluma como un aguijón para despertar dormidos y los que la ven como un calmante para serenar a angustiados o animar a cansados. Aquí es donde siempre me encuentro yo indeciso.

Si ustedes me hubieran preguntado esto mismo hace veinte años yo no habría dudado un segundo: escribo para inquietar, para sacar a la gente de su sueño. Habría hecho plenamente mías las palabras que no hace mucho firmaba un gran escritor, magnífico amigo mío: «El deber del escritor es exponer la negrura de la vida que la mayoría trata de ignorar. Para los humanistas trágicos, la función del arte no es consolar o confortar, mucho menos deleitar, sino inquietar, diciendo una verdad que siempre es mal recibida».

Hace veinte años, ya les digo, yo estaba plenamente convencido de esto. Me parecía que el gran problema del hombre era que la mayoría vivía dormida, dejándose resbalar por la vida, pero sin vivir, sin querer siquiera ver el amargo «espesor» de la realidad.

¿Qué mejor entonces que hacer de despertador de conciencias, de aguijoneador de cobardes, de mártir solitario por decir la «verdad» que a nadie le gusta?

Pero veinte años después ya no estoy nada seguro de que la mayoría esté dormida y no vea la negrura de la vida. El tiempo ha ido descubriéndome que son más los que viven angustiados ese drama; que no es que no «quieran ver» lo que deben hacer, sino que de hecho no «ven» las salidas porque su misma angustia se lo impide. Entonces –pienso yo– no puedo «engañarles» pintándoles una realidad de color de rosa, pero tal vez los escritores debiéramos ayudar más a entender, serenar a las almas, descubrir esos gozosos rincones de alegría que también existen y nadie quiere ver. No se trata, pues, de «consolar» a nadie, pero sí de ayudar a muchos.

Mas quizá la respuesta esté en que cada escritor cumpla con su vocación, y el nacido para inquietar inquiete, mientras que el nacido para aclarar ayude. Esto lo ha habido siempre y en todas las artes. Fra Angelico o Botticelli aquietan; Miguel Ángel o El Greco inquietan. Bach o Vivaldi aquietan y Beethoven o Schumann inquietan. ¿Y por qué preferir los unos a los otros? E, incluso, ¿por qué no aceptar que un mismo escritor tenga días inquietantes y días consoladores? Algún amigo me echó una vez en cara que en mis artículos había domingos de Apocalipsis, en que me parecía que el mundo era una porquería, y otros en los que todo me parecía bueno. Posiblemente la verdad esté, no en medio, sino en los dos extremos a la vez. Porque ¿no es cierto que la realidad humana tiene tantos rostros como días transcurren? En todo caso, lo que yo no me perdonaría a mí mismo –y lo digo como propósito para el año que comienza– es que pasara un solo domingo sin abrir mi corazón y dárselo a quienes me leen con el suyo abierto.

6
DECÁLOGO DE LA SERENIDAD

Quienes siguen este cuadernillo saben muy bien que uno de mis «vicios» es mi especialísimo cariño a Juan XXIII, que fue, sin duda, el ser humano que más me ha enseñado sobre la vida y sobre el alma. Y una de las cosas que más me asombraron siempre en él era aquella extraña, casi milagrosa, serenidad que mantenía ante los problemas y ante las tormentas de su vida, que no fueron pocas, aunque él lo disimulase.

Yo recuerdo, por ejemplo, aquel día de octubre de 1962 en que pareció que el concilio Vaticano iba a dividirse en dos, cuando la mayoría de los obispos centroeuropeos y del Tercer Mundo se «cargó» el más importante de los esquemas preparados por la curia romana y los prelados más conservadores. La situación era bastante desconcertante, porque el número de votos contra el esquema superaba la mitad, pero no alcanzaba los dos tercios. Con lo que (como un documento no podía ser aprobado ni derribado más que por más de dos tercios) el texto seguía jurídicamente en pie, aun estando en minoría, pero todos sabíamos que tenía una vida artificial, pues nunca alcanzaría los dos tercios para ser aprobado. Sólo una intervención del papa modificando el reglamento podía hacer salir del atasco, y era mucho pedirle a su santidad Juan XXIII que también él se pusiera contra los autores del texto (sus más íntimos colaboradores, elegidos por él).

Aquella tarde el secretario del papa llamó por teléfono al colegio Pío Latino para decir que, aunque el Pontífice tenía señalado el día siguiente para ir a inaugurarlo, «como aquella tarde hacía un sol precioso», le apetecía darse un paseo. Y que si podía, de paso, inaugurarlo aquella misma tarde. Así lo hizo. Yo estuve allí. Y recuerdo que el papa hizo la homilía más hermosa que jamás le escuché y que, en ella, nos recitó de memoria una preciosa oración a la Virgen que él solía rezar siempre de niño. Estuvo el papa feliz y no dejó de sonreír ni un solo segundo.

Y yo me preguntaba: «Pero, este hombre, ¿qué es? ¿Un frívolo? Con el follón que tiene montado en el Concilio, ¿lo que le preocupa es darse un paseo porque hace un sol precioso y hablar infantilmente de la Virgen María?». A la mañana siguiente tuvo la respuesta: El papa creaba una nueva comisión mixta para elaborar un nuevo esquema, y en ella integraba a los conservadores y a los más avanzados, sin humillar a nadie, pero permitiendo al Concilio seguir su camino.

Y aquella mañana mi pregunta fue otra: ¿De dónde sacaba el papa Juan XXIII esa asombrosa serenidad que le permitía no perder nunca la calma?

Años más tarde, cuando se publicó su *Diario del alma*, entendimos muchas de las claves de su vida. Y ésta entre otras. Descubrimos que esa serenidad la sacaba, ante todo, de su alma de santo en contacto con el Sobrenatural, pero también de su inteligente sabiduría humana. Concretamente allí, con ese libro, explicaba el papa (mucho antes de serlo) que él nunca se proponía las cosas a plazo largo, porque la idea de tener que hacer «siempre» una cosa le habría descorazonado, y que, en cambio, era capaz de hacer lo más difícil si se lo proponía sólo por doce horas, pero repitiendo cada día ese propósito. A esta luz había escrito, de muy joven, este decálogo que yo ofrezco hoy a mis lectores:

«1. Sólo por hoy trataré de vivir exclusivamente al día, sin querer resolver los problemas de mi vida todos de una vez.

2. Sólo por hoy tendré el máximo cuidado de mi aspecto: cortés en mis maneras, no criticaré a nadie y no pretenderé criticar o disciplinar a nadie, sino a mí mismo.

3. Sólo por hoy seré feliz en la certeza de que he sido creado para la felicidad, no sólo en el otro mundo, sino en éste también.

4. Sólo por hoy me adaptaré a las circunstancias, sin pretender que las circunstancias se adapten todas a mis deseos.

5. Sólo por hoy dedicaré diez minutos a una buena lectura; recordando que, como el alimento es necesario para la vida del cuerpo, así la buena lectura es necesaria para la vida del alma.

6. Sólo por hoy haré una buena acción y no lo diré a nadie.

7. Sólo por hoy haré por lo menos una cosa que no deseo hacer; y si me sintiera ofendido en mis sentimientos, procuraré que nadie se entere.

8. Sólo por hoy me haré un programa detallado. Quizá no lo cumpliré cabalmente, pero lo redactaré. Y me guardaré de dos calamidades: la prisa y la indecisión.

9. Sólo por hoy creeré firmemente –aunque las circunstancias demuestren lo contrario– que la buena Providencia de Dios se ocupa de mí como si nadie más existiera en el mundo.

10. Sólo por hoy no tendré temores. De manera particular no tendré miedo de gozar de lo que es bello y de creer en la bondad».

Desde luego, si sólo por hoy soy capaz de cumplir tres o cuatro de estos mandamientos, y si mañana repito alguno de éstos y cumplo alguno más, y pasado mañana hago míos otros dos o tres, terminaré teniendo no la serenidad de un Juan XXIII (porque ésa es una quiniela gorda que sólo toca dos o tres veces por siglo), pero sí la suficiente serenidad para ir cumpliendo mi oficio y ser feliz.

7
LOS TRES CONSEJOS

Pocos días antes de Año Nuevo pasé ante las pantallas de Telemadrid una de las horas más intensas que yo haya conocido ante un televisor.

Fue durante el debate que, moderado por Jesús Quintero con muy buen pulso, mantuvieron, sobre los más radicales problemas de la fe, Fernando Sánchez Dragó, desde una postura creyente muy personal, pero hondamente cristiana, y el embajador Puente Ojea, desde el más cerrado pero noble ateísmo. Fue un verdadero combate cuerpo a cuerpo, muy digno por ambas partes y, al mismo tiempo, de una hondura que no es ciertamente muy abundante en las pantallas televisivas.

Habría muchas cosas que comentar en ese debate, pero yo quiero detenerme sólo en la respuesta que Sánchez Dragó dio a una muy curiosa y muy hispánica pregunta de Jesús Quintero. Con una mezcla de serenidad e ironía en los labios, el presentador preguntó al creyente: «Y yo, señor Sánchez Dragó, ¿qué tengo que hacer para no ir al infierno?».

La pregunta era bastante típica del agnóstico español, que parece ignorar que para los creyentes ése es un problema de tercera división, ya que nunca nos contentaremos con no ir al infierno, sino que aspiramos a preguntarnos qué es lo positivo que Dios espera de nosotros.

Pero Sánchez Dragó prefirió aceptar el reto de la pregunta y dio una respuesta triple, que tal vez no sería la que daríamos en un templo, pero que me pareció perfecta para el medio en que se daba y la persona a la que se dirigía.

«Tres cosas –dijo Fernando–. La primera, seguir la voz de tu conciencia. La segunda, amar a los demás como te amas a ti mismo. Y la tercera, no hacer nunca las cosas por sus frutos, sino por sí mismas; por ejemplo, no hacer este programa porque te lo paguen bien o mal, sino porque te gusta, porque te sale del cuerpo».

No es una respuesta muy convencional, pero me gustaría que mis lectores reflexionasen un rato sobre ella.

Me gustó que empezase aludiendo a la conciencia y no al cumplimiento de tales o cuales cosas o a la huida de tales otras. Porque la fe es mucho más amplia y honda que el cumplimiento externo de tales o cuales preceptos. Y son muchos los que piensan que los creyentes no ponemos la conciencia en el lugar que le corresponde, el primero.

Esto, naturalmente, en el sentido que hay que dar –ya lo comenté no hace mucho en otra página de estos cuadernos– a la palabra «conciencia», que nada tiene que ver con la conveniencia, el gusto o el capricho. La conciencia es la voz interior que todos llevamos en nuestra alma y que constantemente nos exige ir a más, realizar nuestra vocación de hombres en plenitud. No es, claro, la fuga subjetiva de toda norma y la elevación de las opiniones personales como única guía, sino, muy al contrario, esa voz que suele llevarnos la contraria y que nos descubre lo que hemos de huir como impropio del hombre y hacia lo que debemos caminar para realizar el ser que Dios creó y quiso que fuéramos. Una voz que reconoce, claro, nuestros derechos, pero mucho más nuestros deberes; esa voz de Dios que les habla incluso a los que creen no creer.

El segundo consejo no es menos importante y realmente resume en una sola frase toda la sustancia del Evangelio: «Amar a los demás como nos amamos a nosotros mismos». Así lo mandó literalmente Jesús de Nazaret y es, junto al consejo anterior, el resumen de todas nuestras relaciones con Dios y con el prójimo. Sartre habría dicho que «el infierno son los otros». Los cristianos pensamos que el infierno somos nosotros mismos cuando nos encerramos en nosotros mismos en una torpe masturbación del alma. Quien ama, en cambio, ¿cómo podría temer al infierno? Un solo hombre lleno de verdadero amor que entrase en él apagaría sin más sus llamas. Y el cielo, no le demos más vueltas, no es otra cosa que la plenitud de todo amor.

Y el tercer consejo es de menos importancia teológica, pero no de menor peso psicológico y humano: hacer las cosas que hacemos por el valor de las mismas y no por el dinero, el prestigio, el éxito, los resultados que a nuestro bolsillo o a nuestra vanidad puedan producirles. Vistas así las cosas, lo mismo da ser emperador que barrendero, sano que enfermo, joven o viejo. Ser lo que somos apasionadamente. Ser apasionadamente joven cuando se es joven y entusiásticamente viejo cuando llega la vejez. Hacer, si se puede, aquello que uno ama, y si no se puede, amar sin reticencias aquello que se hace.

Hay en nuestro mundo, desgraciadamente, demasiadas personas que se ven obligadas a hacer tareas a contrapelo. Pero yo me temo que aún hay más que terminan aburriéndose hasta de aquello que amaban o que podrían amar con un poco de esfuerzo. Y aún hay algo peor: gentes que podrían hacer lo que aman, aunque esto les supusiera vivir más modestamente, pero que prefieren hacer otras cosas menos amadas pero más remuneradas. ¿Es que el cochino becerro de oro va a acabar siendo el único dios que la mayoría venera? A fin de cuentas, yo pienso que irán al infierno aquellos que en este mundo convirtieron su corazón en otro infierno.

8

LA TARTA DE VIENA

El mejor de mis amigos me contaba el otro día –con la cara rebosante de satisfacción y casi cayéndosele la baba– la sorpresa que se había llevado cuando llegó a su casa, perfectamente embalada, una tarta que venía nada menos que de Viena. ¿Era un santo? ¿Era alguna fiesta especial? No, era simplemente que uno de sus hijos, el menor, que pasaba sus vacaciones por Centroeuropa, se encontró, en un restaurante, con que, de postre, le sirvieron una tarta riquísima que le hizo pensar: «¡Lo que a mi padre le gustaría esta tarta!». Y, sin dudarlo un momento, le preguntó al *maître* si una tarta como ésa podría enviarse a España. Le dijeron que sí, y ese dulce voló hacia España, aunque costó diez veces más el envío que la misma tarta. Pero el precio valió sobradamente la pena, porque para su padre el gesto y el detalle del muchacho significó más de diez años de amor. Y le hizo pensar algo que ya sabía, pero que no siempre recordamos: que vale la pena hacer todos los esfuerzos del mundo por los hijos cuando éstos tienen un corazón mínimamente caliente. Mi amigo, es claro, no hizo lo que hizo por sus hijos para cosechar un agradecimiento, pero se sentía muy a gusto recibiéndolo.

Y ahora soy yo quien se pregunta: ¿Por qué nos gusta tanto el agradecimiento? Tiene que ser forzosamente por dos razones: porque todo corazón necesita recibir amor por amor y porque ese agradecimiento, por desgracia, no es demasiado frecuente en este mundo. El mismo Cristo lo comprobó con dolor: de los diez leprosos que había curado en una ocasión, sólo uno volvió para darle las gracias.

Por eso pienso que es bastante peligroso trabajar o amar «para» recibir algo a cambio. Hay que trabajar o amar «porque» se debe trabajar o amar, pero no porque nos lo vayan a agradecer. Y no amargarnos cuando nadie nos lo agradece.

¡Pero qué bonito es que ese agradecimiento funcione! ¡Cuánto más y mejor amarían los hombres si pudieran «tocar» el fruto de su amor! Pero me temo que las personas –y mucho más las empresas y las instituciones– no hayan aprendido esa primera asignatura del amor que es el agradecimiento.

Por eso uno ve por el mundo docenas y centenares de personas que, después de dejarse la piel por tal empresa o tal institución (por la misma Iglesia, a veces) no reciben mayor respuesta que el olvido, cuando tan poco costarían cuatro detalles agradecidos para llenar el corazón de los que nos amaron o sirvieron.

Porque muchas veces se trata sólo de detalles. Yo he comentado con frecuencia en esta página que, en la mayoría de las ocasiones, no aspiramos a grandes respuestas a nuestro trabajo, sino a una palabra inteligente, a un diminuto detalle que nos llega –mejor entonces– sin que lo esperemos, sin que haya que esperar a nuestro santo o a una fiesta especial.

La pequeña llave del detalle abre más corazones de lo que imaginamos. Y hay personas que parece que, ya por nacimiento, nacieron detallistas, mientras otras saben tal vez amar, pero carecen de esa finura para el detalle que tanto valdría siendo tan pequeño.

Tenía razón Bernanos al escribir que «las cosas pequeñas que nada parecen son las que dan la paz. Al igual que las florecillas campestres, que se las cree sin olor, pero que todas juntas embriagan. Sí, la plegaria de las cosas pequeñas es inocente. En cada cosa pequeña hay un ángel».

Cierto: las más de las veces no tenemos nada importante para agradecer lo que han hecho por nosotros. ¿Cómo podría un humano agradecer a Dios la maravilla de la vida? Nadie espera que nuestro agradecimiento alcance el tamaño del don. Pero resulta que tanto Dios como los hombres no esperan grandes respuestas a los grandes regalos, sino ese diminuto detalle que levanta un poco el velo de la realidad y nos hace ver el amor que hay al fondo.

Y lo grande de los detalles es que en ellos no cuenta el valor monetario de los mismos. Cuenta Hebbel con ironía la historia de aquel hombre que, estando hundiéndose en el mar, recibió la ayuda de un desconocido que le tiró una tabla a la que pudo agarrarse y salvar así su vida. Y añade que el salido de las aguas se dirigió a su salvador y le preguntó cuánto costaba la madera de la tabla, porque quería pagársela y, así, agradecérsela. ¡Cómo si su salvador le hubiera regalado una madera y no la vida!

Lo bueno del amor y del agradecimiento es que ambos son gratuitos y un poco absurdos. Pero valen muchísimo más de lo que valen. Como esa tarta que llegó por correo urgente desde Viena, valiendo diez veces más el envío que el objeto enviado. Pero yo estoy seguro de que, cuando mi amigo comió esa tarta, no estaba devorando un pastel cualquiera, sino el corazón mismo de su hijo.

9
OCHENTA AÑOS

Un buen amigo, que sabe el cariño que yo le tuve al padre Llorente, que fue misionero en Alaska durante más de treinta años y que hace poco murió, me envía la carta suya que recibió poco después de que el buen padre cumpliera los ochenta años. Y, como es una carta-tesoro, me permito transcribir aquí alguno de sus párrafos.

En el primero habla del aniversario que acaba de cumplir. Y dice:

«Me pide usted en su carta que le diga algo de lo que pienso al entrar en los ochenta años. Le quedo muy agradecido por creer que a los ochenta años todavía puedo pensar. Yendo pronto al grano, digo que pienso en muchas cosas. Por ejemplo, en los terribles y frecuentes sustos y sobresaltos que he causado al ángel de mi guarda. Pienso también en las incalculables horas perdidas a lo largo de tan larga vida. Si las hubiera aprovechado mejor, tal vez hoy podría hablar tantas lenguas como el Santo Padre, o por lo menos la mitad. Y acaso hubiera llegado a la mitad de la altura mística a la que llegó san Juan de la Cruz, que murió a los cuarenta y nueve años. El tiempo que perdemos en la vida tiene que ser leña de roble para el purgatorio, donde arderá más tiempo del que quisiéramos».

Me impresiona que, entre bromas y hablando como quien juega, puedan decirse cosas tan graves y tremendas. ¡Qué cierto es eso de que perdemos la mitad o lo mejor de nuestra vida! ¡Qué verdad la de que muchos santos que vivieron muchísimo menos que nosotros avanzaron hacia Dios muchísimo más! ¡Y qué exacto eso de que responderemos en el juicio por cada minuto que vivimos sin amor! ¡Qué real aquella dramática frase de que «todo el que camina media hora sin amor se acerca hacia su tumba con el sudario puesto»! Si fuéramos medianamente conscientes de esto, nuestras vidas serían tan distintas...

¿O tendremos que esperar a los ochenta años para enterarnos de ello? El padre Llorente traslada ahora su ironía –esta vez más triste– a describir cuál es la vida del hombre de ochenta años:

«A los ochenta años se desvanecen los sueños, se modifican los planes, se recortan las ambiciones, se aquietan las pasiones, ya no se duerme la noche de un tirón, da gusto estar sentado, cuesta subir escaleras, se alargan las siestas y se echan de menos los compañeros de estudio. Ya quedan pocos; y de esos pocos, unos están sordos, otros viven en la enfermería, otros caminan a tientas y otros han perdido la memoria. Siempre puede uno establecer contactos con la gente joven; pero el vino añejo sabe mejor que el nuevo».

El retrato es cruel, pero, salvo excepciones, verdadero. ¿Qué ganaríamos con disimular la realidad oscura del envejecimiento?

Pero el mismo padre Llorente demuestra que, con todo eso, a pesar de todo eso, un anciano puede mantener la alegría y también, incluso, el trabajo que le sigue manteniendo útil.

Por eso, inmediatamente, añade que aunque ya no puede permanecer como misionero en Alaska, sí puede seguir misionando en este hospital de Idaho en el que vive retirado. Allí atiende a los 145 enfermos que lo llenan, allí trabaja los cinco días de la semana, completándolos con la ayuda, sábados y domingos, en la parroquia del pueblo, en la que aún confiesa y predica.

¿Y qué hace en el hospital? «Después del desayuno tomo del sagrario la píxide llena de hostias consagradas y me pierdo por los tránsitos entre médicos, enfermeras y otros empleados. Con la lista de enfermos en la mano voy visitando las camas. A unos les animo, a otros les hago reír con un chiste gracioso, a otros les confieso y les doy la comunión y, si están alicaídos, les pongo los santos óleos; a otros les paso por alto porque ayer me dijeron que no tienen religión ni la quieren tener, y la cama del hospital no es sitio para discutir de teologías y aumentar la presión arterial, ya muy subida; a otros, ya en plena mejoría, los entretengo con historias amenas acomodadas a cada cual, y así voy de unos a otros. Cuando encuentro a un enfermo que no se me pone a tiro, le digo al Señor: 'Vamos, que aquí no nos dan posada'. Cuando encuentro un enfermo bien dispuesto, me siento en la silla y hablamos de Dios».

He aquí un hombre que aprovechó su juventud y su adultez, y que se dispone a llenar hasta el borde su ancianidad. En lo que puede. En lo mucho que «aún» puede. Siempre con el escrupuloso respeto a la conciencia de los demás. Siempre con la alegría de quien tiene el alma rebosante de gozo, aunque sus piernas se arrastren por los largos pasillos.

Y todo ello con una vigilante autoexigencia. Porque él sabe muy bien que «no hay que olvidar que se puede caer en el peligro de la rutina y trivializar lo más santo. Porque eso de llevar el Santísimo horas enteras sobre el pecho puede parecer algo del otro mundo. Pero se le puede perder el respeto a Dios. Tiene uno que estar revisándose constantemente y moverse con actitud reverencial, adorando y dando gracias como hacen los ángeles en los sagrarios. Al que mucho se le da, mucho se le pedirá».

Pido al lector perdón si me he limitado a transcribir esta carta. Pero ¿qué podría añadir yo a semejante maravilla?

10
HACER LA PAZ

«¿Y cómo hablar de Dios ahora que la vida está tan cara?», se preguntaba uno de los personajes de Bertolt Brecht en una de sus piezas teatrales. ¿Y cómo seguir hablando de esperanza —me pregunto yo ahora—, mientras miles de hombres mueren bajo las bombas? ¿Cómo mantengo esta sección —nacida para tratar de dar un poco de luz, un poco de paz a quienes la leen—, cuando sé que todos cuantos la siguen viven en estos días asustados (unos más, otros menos, pero mucho, todos) por lo que leen en los periódicos o ven en la televisión? ¿No sería mejor —me digo— dejar descansar por algún tiempo esta página, ya que los más pensarán que sus líneas son eso, sólo eso: palabras? Palabras que no impedirán una sola muerte y que pueden hasta sonar como blasfemas cuando sólo un tremendo silencio de vergüenza debería caer sobre nosotros.

Ser hombre es cosa difícil, lo sé. Pero hay circunstancias en que esa dificultad se multiplica y uno hasta preferiría ingresar en otra raza, no sé: la de los ciervos o la de las palomas. O ser como el aire, que no mata. O como el agua, que nunca dispara.

Y, sin embargo, somos hombres. Hombres de la misma raza que los que —a un lado o al otro— bombardean; de la misma raza también que los que mueren. Uno no elige lo que es. Y somos tan hermanos de los que matan como de los que mueren.

Y nos equivocaríamos si pensáramos —cómodos y cobardes— que «ellos» —los que matan— son de pasta distinta de la nuestra.

Nada ganamos con designarles víboras o malvados. Son nuestros; son nosotros. Y también resultaría comodísimo dividirlos en buenos y malos, en ángeles y demonios, en siervos de Dios y de Satán, para excomulgar a unos y canonizar a otros y ponernos nosotros –naturalmente– en el lado de los «buenos». Pero ¿cuál es el lado de los buenos? ¿No habrá buenos y malos en todos los bandos e incluso dentro de cada una de las personas que combaten? ¿No será cada alma como una salsa en la que ya no pueden separarse los elementos –el bien, el mal– con los que fue fabricada?

Dejadme que os lo diga: cuando hay guerra yo prefiero no pensar mal de nadie... más que de mí. No me gusta denominar a nadie «violento». Elijo echarme a mí la culpa y pensar cuánto habré dejado yo de amar para que esta guerra estallase. Y es que yo creo en la comunión de los santos y la que Bernanos llamaba «la comunión de los pecadores». Porque, efectivamente, toda falta de amor ensucia el mundo. Y cuando el mundo sangra es que cada uno de nosotros no ha sido suficientemente pacificador.

Y, ante una guerra, creo que lo más urgente es que nosotros, los que no somos visiblemente beligerantes, aprovechemos tanto dolor para purificar y pacificar nuestro corazón. ¿Qué ganaría yo saliendo a las calles con pancartas cuando reconozco que también en mi corazón hay rastros de violencia? Mejor será, me parece, pasearme con pancartas por las calles de mi propio corazón. Porque mala me parece la guerra, pero no me gusta más el que alguien «utilice» la idea de la paz para difundir sus propias ideas personales o para conseguir seguidores de una determinada política. ¡Eso sí que me sabe a sacrilegio! O la de quienes utilizan la guerra para enseñar a sus niños a odiar y a dividir –también ellos– el mundo en buenos integrales y malos rotundos. Y eso cuando es claro que toda guerra es un cáncer de la Humanidad como tal y, por tanto, de cada uno de nosotros.

Por eso mi única postura ante la guerra es rezar para que Dios, el Gran Pacífico, se apiade de nosotros, que hasta en esto abusamos de su nombre. Eso y dedicarme a reverdecer dentro de mí las queridas ideas de la no violencia.

La del Evangelio ante todo, en cuyas páginas se nos habló de un Padre que hace llover sobre buenos y malos. La de Gandhi, que explicaba que, para él, «la no violencia no era un mero principio filosófico, sino la norma y el alimento de su vida entera, el aire mismo que respiro». La de Martin Luther King, que aseguraba que «la violencia no tiene vigencia práctica, porque la vieja filosofía del ojo por ojo, diente por diente, acaba dejando a todos ciegos. Este método no es correcto. Este método es inmoral. Es inmoral porque constituye una espiral descendente que termina en destrucción para todos. Es falso porque persigue la aniquilación del enemigo y no su conversión». La de Roger Schutz, el prior de Taizé, que tanto ha hablado de la «ardiente paciencia de los jóvenes», que es paciencia, pero ardiente, no dormida. La de tantos seguidores de Jesús de Nazaret, que, de ponerse de algún lado, elegían el bando de las víctimas.

Como monseñor Romero, que muy pocos días antes de caer con el corazón destrozado por una bala asesina escribía en la última página de su diario: «Mi otro temor es acerca de los riesgos de mi vida. Me cuesta aceptar una muerte violenta, que, en estas circunstancias, es muy posible. Incluso el señor nuncio de Costa Rica me avisó de peligros inminentes para esta semana. Él me dio ánimo, diciéndome que mi disposición debe ser dar la vida por Dios cualquiera que sea el fin de ella. Las circunstancias desconocidas se vivirán con la gracia de Dios. Él asistió a los mártires y, si es necesario, yo lo sentiré muy cerca al entregarle el último suspiro. Pero más valioso que el momento de morir es entregarle toda la vida y vivir para Él».

Vivir para Él y para los hermanos: eso es, en definitiva, hacer la paz.

11

UN GRAN PRIVILEGIO

Una de las preguntas que con mayor frecuencia rondan mi cabeza en mis ratos de meditación es la de por qué los humanos reaccionamos de maneras tan distintas, incluso tan opuestas, ante los mismos hechos. Por qué un dolor o la muerte de un ser querido vigoriza e incluso ilumina a algunos, mientras destruye y amarga a otros. Por qué hay seres que valoran en todo y sobre todo las horas positivas, que hay en toda vida, mientras otros sólo pesan las horas oscuras, que tampoco faltan a nadie. ¿Es que unos son buenos y los otros no? ¿Es que unos son generosos y algún otro egoísta?

Confieso que aún no he encontrado una respuesta suficientemente clara a estas preguntas, que incluso, a lo mejor, hasta dependen de la simple estructura biológica o hereditaria o del estilo de educación que se ha recibido y que empuja a contemplar la vida con unos u otros ojos. Porque, de lo que no cabe duda es de que esa tremenda diferencia de reacciones existe, a veces incluso dentro de una misma familia y de seres que parecen tener una genética parecida y han recibido una educación idéntica. Y también es evidente que esa manera distinta de enfocar la vida ofrece a algunos un alto nivel de equilibrio y de felicidad y acaba conduciendo a la angustia o la depresión a otros.

Hoy lo que me obliga a plantearme esa pregunta disyuntiva es la hermosísima carta que me escribe una mujer que acaba de perder –y de repente, que es en principio más doloroso– a un queridísimo hijo muy joven. Se dirige a mí para pedirme que un determinado día de enero rece muy especialmente por el alma de su hijo, «que hace un año partió ese día hacia el cielo».

Y me habla así de él: «Aún no había cumplido los veintidós años. Los habría cumplido el 1 de marzo, pero ya los cumplió allí, junto al Padre». Y me lo pide a mí porque –dice– su hijo me quería mucho y todos los domingos leía con fervor las páginas de este cuaderno mío.

«Mi hijo –añade– era enfermo de polio. Su lucha desde los diez meses y su valentía han sido ejemplares. Fue en carro de ruedas hasta los catorce años y, a fuerza de trabajo y tesón, llegó a andar. Como estudiante fue una maravilla; estaba ya en cuarto de Derecho cuando aquella mañana, y después de dejarle yo junto a la Universidad, como cada día..., una hora y media más tarde, cuando había terminado la única clase que tenía ese día, un trágico accidente terminó con tantas ilusiones y con tanta alegría. Mi hijo sacaba a sus amigos de sus depresiones; creo que con esto puede hacerse una idea de qué clase de persona era. Él, a quien físicamente le sobraban motivos por su enfermedad para todo lo que pudiera ser negativo e hiriente, fue el ser más generoso, más alegre y honesto, el más coherente que se puede imaginar».

«A mí, humanamente, como madre, no me encajaban las piezas de tantas luchas, tantos quirófanos, tantas horas de rehabilitación, tantos esfuerzos por su parte... Por eso digo que sólo puedo dejarlo en manos de Dios. He llegado a la conclusión de que Dios me concedió el privilegio de ser madre de ese hijo, que me dejó con veintidós años. Sí, ha sido un privilegio traerle al mundo y haber andado paralelamente con él hasta el final».

«Cuando hago balance de sus últimos meses de vida en este mundo, sé con seguridad que fueron de total madurez para el acontecimiento que tan precozmente le iba a tocar vivir. Sí, fue un pequeño gran hombre».

«Sé también que ahora está con Dios, y yo cada vez tengo más cerca a Dios y a ese gran hijo que marchó hacia sus brazos. ¡Ah, cómo le buscaba mientras vivía! Aquellos últimos meses fueron una búsqueda constante de Dios, y su alegría y su paz las transmitía de una forma grande. ¡Ya está con Él!»

¿Qué decir? ¿Qué comentar ante cartas como esta? Nada, tal vez dejar a los ojos que se llenen de lágrimas y redescubrir una vez más cuánta capacidad de bondad y de coraje hay en los hombres. Cartas así me dan a mí más ganas de vivir, de luchar, de escribir. Porque, efectivamente, es un privilegio para la Humanidad que existan muchachos y madres como estos.

Esta carta me ha recordado algo que supongo que ya he contado mil veces en estos cuadernos o en mis conversaciones con mis amigos: mi madre, cuando estaba ya muy enferma, me repetía sin descanso: «Mira, hijo, cuando yo me vaya, no se te vaya a ocurrir llorar porque me has perdido. Antes tienes que darle gracias a Dios porque nos ha permitido vivir juntos estos treinta y cinco años». Por eso, desde entonces, yo nunca digo: «Hace veinticinco años que estoy sin madre», sino «¡qué privilegio haberla tenido treinta y cinco!». Cuando termine de saborear este gozo –y no pienso terminar mientras viva–, a lo mejor me planteo el dolor de no tenerla. O, más exactamente, de tenerla en otro lado. Y no digo esto para autoengañarme, como quien prefiere un calmante a un dolor. Lo digo porque «es» verdad, es objetivamente verdad que, en una balanza bien ajustada, pesan mucho más la alegría y la fe juntas que la amargura y la desesperación.

12

EL HOMBRE QUE CANTABA VILLANCICOS

Tengo un amigo que con frecuencia dirige a Dios esta oración: «Señor, no me concedas nunca todo lo que soy capaz de soportar». Y es que mi amigo sabe que el hombre puede soportar muchísimo más de lo que se imagina. Ante ciertos dolores o problemas decimos: «Esto es imposible de soportar». Pero si ese dolor llega, y llega multiplicado, descubrimos con asombro que seguimos soportándolo, y si más viniera, más aguantaríamos.

Pero hay algo aún más asombroso, y es que el hombre puede llevar sobre sus hombros muchas cosas «insoportables», y no sólo soportarlas, sino hasta llevarlas con alegría suficiente para vivir y hasta para repartir. Pero ¿cuál es la clave de esa alegría «imposible», de ese gozo que irradian algunos seres que tendrían motivos sobradísimos para vivir en una pura queja?

Me ha hecho pensar en todo esto lo que me cuenta un amigo en una carta. Durante la pasada Navidad tuvo que padecer una seria operación en un hospital de Jaén y le asombró oír que en la habitación vecina a la suya alguien no cesaba de cantar villancicos. Preguntó a la enfermera: «¿Quién es ese chota?». Y la enfermera, como con rostro de complicidad, respondió: «¿Por qué lo pregunta: porque canta? Si yo le contara que el otro día, cuando le operamos, se durmió con la anestesia cantando un villancico y cuando volvió en sí seguía aún cantándolo...». Y luego añadió: «No se preocupe, ya le conocerá».

Y, efectivamente, pronto mi amigo le conoció. Sintió que alguien llamaba a su puerta y que en ella aparecía alguien en una silla de ruedas, con la parte inferior del cuerpo tapada con una manta y los brazos a la espalda, y entraba preguntando: «¿Quién es aquí el que va a ser operado?». Cuando le respondieron, añadió el hombre del carrito: «Ah, no se preocupe, las operaciones no son nada. Te llevan a una habitación en la que todo parece un carnaval: todos, menos el enfermo, van tapados con máscaras; te duermen y cuando te despiertas ya está todo hecho. Además, por mucho que le hagan, más me han hecho a mí». Y, diciéndolo, enseño sus brazos: el derecho estaba cortado por el codo y el izquierdo parecía cortado por la muñeca, con una especie de muñón convertido en dos dedos deformes y gordísimos. «¿Ve usted? –añadió–; pues yo tan contento». Y luego, retirando la manta que cubría su parte inferior, añadió, sonriendo: «Ahora voy a mostrarle a usted mi carné de conducir, de primera especial». Y vimos sus dos piernas cortadas por la rodilla. Y le oímos añadir con asombro: «El resto de las piernas lo tengo en la cama para que descansen un rato».

Ahora sí que no salían de su asombro mis amigos. Y más cuando le oyeron añadir: «Hay quien dice que es para desesperarse, porque desde los catorce meses (cuando aún no había soltado el biberón) no han dejado de cortarme trozos de carne. Pero yo, la verdad, tan contento. Quienes tendrán peor suerte serán los gusanos, que se van a llevar un buen chasco cuando yo me muera. Les va a pasar lo que dice el refrán: 'El que come el cocido antes de las doce...'».

Pero aún me falta por contar lo más sorprendente. Y es que todo esto no eran palabras, ni fanfarronería. De aquel hombre salía un permanente chorro de simpatía. De hecho, en torno a él se creó en el hospital una especie de casinillo con una inexplicable unión de enfermos, acompañantes y personal sanitario, hasta el punto de que quien tenía que salir a la calle se pasaba por las habitaciones de los demás para preguntar si alguien necesitaba algo; quien tenía televisión invitaba: «¿Quién quiere ver la telenovela? ¿O el partido?

¿O el telediario?». Es decir: una especie de red de caridad surgió entre todos, contagiosamente.

Más tarde mis amigos supieron que «el hombre que cantaba villancicos» vendía el cupón de los ciegos en un pueblo de la provincia, pues pensaba que su mayor pena era que la gente le llamara inválido o que pensara que comía sin trabajar. ¿Inválido un hombre con tal cantidad de alma?

Y ya sólo me falta añadir que quien me escribe me da todos los datos sobre el asunto para que yo pueda comprobar su veracidad y no lo interprete como fábula. Yo no los transcribo aquí por razones bien lógicas, pero sí puedo garantizar que no he contado nada que no sea exacto.

Y es que, efectivamente, no sólo es que el hombre soporta lo insoportable, sino que también es invencible en su alma y no ha nacido dolor capaz de enturbiar un alma obstinada en ser alegre y en irradiar amor.

¿Inválidos? Inválidos son los que se creen vivos y lo hacen con amargura y sin amar a nadie.

13
EL UNDÉCIMO MANDAMIENTO

Recuerdo haber oído muchas veces de niño eso de: «El undécimo, no molestar». Y me parece que es un mandamiento que se predica poco y se practica menos aún; un mandamiento que nos pediría que no hagamos que hagan los demás lo que debemos y podemos hacer nosotros mismos, y que nos exigiría que respetásemos el tiempo de los demás lo mismo, al menos, que esperamos que los otros respeten el nuestro.

Y he recordado este mandamiento precisamente en estos días, leyendo lo que contaba en un periódico el enfermero que ha atendido al padre Arrupe durante su larga y dolorosa enfermedad. Contaba que el prepósito de los jesuitas se moría antes que molestar a los demás, que había que estar siempre atento para adivinar sus necesidades, porque él era incapaz de pedir nada que, aun de lejos, pudiera fastidiar a quienes le cuidaban. Él contaba que, además, mientras pudo, se hizo siempre personalmente la cama, y jamás aceptó que nadie limpiara sus zapatos, porque entendía que sus cosas debía hacerlas él y nadie más.

Y yo pensaba con cuánta facilidad hacemos la mayoría todo lo contrario. Especialmente los hombres: con la disculpa de que no aprendemos de niños, o con la de que no sabemos hacerlo, dejamos en manos de las mujeres de la casa hasta el ir por un vaso que necesitamos. Yo, que en esto me confieso tan pecador como la mayoría, tengo aún que vigilarme más porque ese defecto varonil suele multiplicarse en los enfermos, que, «como estamos malitos», dejamos a los demás que nos sirvan en todo, creando ese tipo de «enfermo-tirano» que suele ser tan frecuente. En un alto porcentaje de los casos tales «mimitos» suelen ser simples y puras manifestaciones de egoísmo.

Luego está esa tendencia –y ésta tanto en los varones como en las mujeres– de usar a los amigos para que nos hagan lo que podríamos hacer nosotros perfectamente sólo con esforzarnos un poquito.

Si ustedes no se ofenden, yo les contaría con cuánta frecuencia me encuentro con esa tendencia en gente que me escribe para las cosas más peregrinas. El otro día alguien me decía que de niño oyó un soneto que empieza: «No me mueve mi Dios para quererte...». Que le gusta mucho, pero que no es capaz de reproducirlo. ¿Podría yo buscárselo y enviarle una fotocopia? Yo sonrío, busco el soneto, hago la fotocopia y se la envío. Pero, al hacerlo, pienso: Y este señor, que vive en una ciudad grande, ¿no podría acercarse a cualquier biblioteca pública, pedir una antología poética, en la que, sin duda, lo encontraría él mismo? Pues no, parece claro; si sumara el tiempo que le costó escribir su carta y el que gasté yo en buscarlo y enviárselo, le habría sobrado tiempo para buscarlo y encontrarlo directamente.

Historias así me ocurren a cientos: los que me llaman para pedirme el teléfono de un amigo o de una institución, que podrían haber encontrado en la guía telefónica; los que te preguntan qué piensa hoy la Iglesia sobre el infierno, cuando podrían estudiarlo en cualquier buena enciclopedia o libro teológico; esa archivera, que sabe más que yo del tema, que me pide que le busque y fotocopie un determinado artículo publicado en no sé qué diario, que está, sin duda, en la hemeroteca de su ciudad. O mil y mil historias parecidas. Que me ocurren a mí y seguro que les han pasado mil veces a todos ustedes. Y eso sin olvidarse de los que te piden un libro porque tienen que hacer ur-gen-tí-si-ma-men-te no sé qué trabajo y, luego, na-tu-ral-men-te ni te dicen si hicieron el trabajo ni te devuelven el libro prestado. En fin, gajes de la amistad.

Pero ¡qué encanto, en cambio, cuando te encuentras esa gente delicada que se muere por no molestar! Tengo un amigo soltero que, siempre que salimos juntos a algún restaurante o entramos en una confitería, pide, infalliblemente, pasteles borrachos. Y si yo le pregunto por qué esa preferencia, me dice, con timidez y confianza: «Es que, verás, cuando yo como en casa de mis hermanos, mi cuñada siempre compra sólo uno o dos borrachos, y como yo sé que a los niños les gusta, pues nunca me atrevo a cogerlos». Y si yo le replico: «Pues dile a tu cuñada que cuando compre pasteles pida más borrachos», me contesta él que no se atreve, que cómo la va a molestar.

Y a veces este afán de no molestar llega hasta lo heroico. Siempre me ha impresionado aquella historia, absolutamente verídica, que se cuenta en las vidas de santa Teresita de Lisieux. Durante la larga enfermedad que le llevó a su joven muerte, las hermanas de su convento no la trataban, precisamente, al menos algunas de ellas, con un exceso de caridad. Y una noche en que la joven monja se asfixiaba de fiebre, pidió a la religiosa que la acompañaba que le trajera un vaso de agua fresca. Esta lo hizo refunfuñando, dejó el vaso en manos de la enferma y se fue, sin más, a la cama donde ella dormía, enfrente. Pero Teresita carecía de fuerzas para llevarse el vaso a la boca. Y allí se estuvo media noche, muriéndose de sed, con el agua en la mano, pero sin pedir nueva ayuda a la compañera, que ya se había dormido a un metro de ella.

No digo yo que haya que llegar siempre a esto. Pero no será malo comparar el coraje de una santa con nuestros egoísmos de niños comodones que nos pasamos la vida diciendo: «Tráeme una cuchara, alcánzame los calcetines o abanícame la punta de la nariz».

EL UNDÉCIMO MANDAMIENTO

14

EL PECADO DE LA TRISTEZA

¿Quién no recuerda los años infantiles, en los que recitábamos de carrerilla la lista de los pecados capitales? «Los pecados capitales –decíamos– son siete: el primero, soberbia; el segundo, avaricia; el tercero, lujuria; el cuarto, ira; el quinto, gula; el sexto, envidia; el séptimo, pereza».

La verdad es que no sabíamos muy bien qué significaba cada una de esas palabras, y menos aún qué fuera ese «apetito desordenado» con el que, a continuación, las definíamos.

Lo que yo no sabía entonces (y acaba de descubrírmelo un gran amigo, José María García Escudero) es que, en los catecismos primitivos, los pecados capitales eran ocho, porque añadían, al final, el pecado de la tristeza, y que fue san Gregorio Magno quien unió, como si fueran el mismo, el de la tristeza al de la pereza, con lo que ese entristecimiento quedó fuera de la tabla de los capitales.

Y, la verdad, pienso yo, es que fue una pena y una mala jugada la de san Gregorio, porque buena falta les hace a todos los hombres, y especialmente a los cristianos, que les recuerden que la tristeza no sólo es un error, sino también un verdadero pecado.

Claro que es necesario aclarar que no es lo mismo tristeza que dolor y sangre en el alma. Bastante tiene el que sufre con sufrir para que encima le digamos que eso es pecado. Y tampoco estoy hablando de esas ráfagas de tristeza que cruzan alguna vez incluso por las almas más santas y felices. Quien no conozca esas horas oscuras poco sabe de la vida. Y quien no acepte que a veces son inevitables es que no es muy comprensivo.

La tristeza que yo señalo como pecaminosa es la terca, esa especie de masoquismo en ver el mundo como pura oscuridad y, sobre todo, el olvidarse de que, incluso en medio de la noche, Dios sigue amando al hombre. Cristo lo explicó muy bien en el Huerto de los Olivos. Allí, dicen los evangelistas, Cristo confesó que «estaba triste hasta la muerte» y, lógicamente, si Cristo, que era impecable, conoció hasta el fondo la tristeza, es que no toda tristeza es pecaminosa. Pero es que Cristo, aun en esa sima de amargura, no olvidó nunca que la voluntad de su Padre –y, por tanto, la alegría– estaba detrás de la tapia oscura del dolor.

La tristeza mala es, pues, la de quien se entrega a la tristeza, quien se rinde a ella, en el fondo por falta de coraje e incluso por comodidad. Séneca explicó muy bien que «la tristeza, aun cuando esté justificada, muchas veces es sólo pereza, ya que nada necesita menos esfuerzo que estar triste».

Pero es que, de veras, ¿puede combatirse la tristeza? Desde luego. Un refrán chino lo explicaba muy bien: «No puedes evitar que el pájaro de tu tristeza vuele sobre tu cabeza, pero sí que anide en tu cabellera». Efectivamente, a uno pueden darle disgustos; pero, en definitiva, siempre es libre de tomarlos o no, y de tomarlos con mayor o menor coraje y entereza, de modo que no acaben entenebreciendo nuestra alma. Y es que no hay bruma que, a la corta o a la larga, no sea desgarrada por el sol. Para quien no cierre los ojos voluntariamente, claro.

Por otro lado, toda tristeza puede ser compartida y, por tanto, dividida entre dos o destruida por dos. Cierto que el egoísmo de nuestro tiempo suele olvidar demasiado aquella obra de misericordia que era «consolar al triste», pero también lo es que hay personas que –por timidez o por lo que sea– prefieren encerrarse a sufrir solos antes que abrir el alma a los demás. Y eso sí que es un gran error.

¡Qué hermoso, en cambio, el oficio de consolar y alegrar a los demás! Los santos lo sabían muy bien. San Juan de la Cruz, a quien muchos han pintado como un hombre adusto y solitario, era, al contrario, un magnífico consolador. Una de las normas de conducta que se imponía, cuando era superior de algún convento, era la de que jamás el súbdito saliera de su habitación entristecido. Y se sabe que cuando veía algún fraile melancólico le cogía de la mano, le llevaba al campo y comenzaba a hablarle de la hermosura del mundo, la belleza de la hierba y las flores, la alegría de la creación, hasta que veía aflorar en sus labios una sonrisa.

Y la alegría puede coexistir con el dolor. Giovanni Papini lo explicó con el ejemplo de su precioso libro *La felicidad del infeliz*, en una de cuyas páginas escribe: «He perdido el uso de las piernas, de los brazos, de las manos, he llegado a estar casi ciego y casi mudo. Pero no hay que tener en menos estima lo que aún me queda, que es mucho y mejor: siempre tengo todavía la alegría de los otros dones que Dios me ha dado. Tengo, sobre todo, la fe».

Sí, sí: la ayuda de Dios, el coraje y la fe son suficientes para desterrar toda tristeza. Y si, encima, contamos con amigos o familiares a quienes querer y que nos quieran, miel sobre hojuelas.

Porque seguramente es cierto aquello que solía repetir Léon Bloy: «La única verdadera tristeza es la de no ser santos», y si a alguien le asusta esta palabra, que diga que la única tristeza es la de no amar.

15
LA SANGRE DEL PUEBLO

Siempre que en esta página cuento de esas historias maravillosas de buena gente, que a mí tanto me gusta transcribir, recibo cartas de personas que me dicen que eso que cuento son o fábulas o una de esas cosas extrañísimas que entran una en siglo, porque lo normal entre los hombres –dicen quienes me escriben– es el egoísmo mondo y lirondo.

Y, naturalmente, yo no voy a negar que el egoísmo es planta que crece con abundancia en la mayoría o la totalidad de los corazones humanos. Pero quiero insistir en que el amor y el ejercicio del mismo es bastante más frecuente de lo que nos imaginamos. Y que lo que ocurre es que la bondad tiene muy poca y muy mala prensa. Porque o yo tengo una fortuna mayor de lo normal o tengo unas gafas especiales para ver cómo crecen cerca de mí y de mis amigos los gestos de solidaridad, con frecuencia hasta heroicos. Les contaré hoy tres casos.

El primero me lo descubre en su carta una señora, que me cuenta que hace ya casi veinte años murió su madre tras una larga enfermedad de ocho años, durante los cuales necesitaba una transfusión de sangre cada veinte días. Vivían en cierto lugar de Extremadura, en el que no habían entonces, ni hay hoy, un banco de sangre o cosa parecida, por lo que las transfusiones tenían siempre que hacerse a base de donantes voluntarios. Pues bien: en todos esos años jamás le faltó quien le ofreciera esta ayuda. Es más: había una lista de cincuenta personas que estaban siempre dispuestas a tal donación. Con lo que esta mujer vivió literalmente de la «sangre del pueblo», de la fraternidad común.

Pero no tengo que irme a Extremadura para encontrar estos frutos de amor. En mi mismo barrio hay una niña –doce años– víctima de una de las formas más profundas de paraplejía. No puede andar, no sabe moverse, no es capaz de darse vueltas en la cama, incluso se asfixiaba por no saber respirar. Con lo que necesitaba a todas horas –a todas, sin excepción– alguien que le ayudara a continuos ejercicios. La Seguridad Social le garantizaba una enfermera, pero sólo durante cuatro horas al día. Los padres de la pequeña –que trabajaban los dos para sobrevivir– atendíanla también en las horas que podían. Pero hacían falta voluntarios para que la acompañasen en el resto del día y de la noche. La cosa se anunció un domingo durante las misas de la parroquia. Y, desde entonces, nunca ha faltado el grupo de personas que, turnándose, cada uno en las horas que puede, estén al borde de esa cama. Hace todavía pocos días me encontré en el Metro a una señora amiga: tenía el rostro tan desencajado que le pregunté si estaba mala. Y me respondió con toda naturalidad: «Es que me he pasado la noche velando a la niña. Y, como resulta que también tengo que atender a mis hijos y hacer mi trabajo, no he podido dormir ni media hora». Y sonreía.

La tercera historia que quiero contarles es aún más próxima. ¿Creerán ustedes que yo he recibido 43 cartas –¡cuarenta y tres!– de personas completamente desconocidas que me ofrecen sus riñones para un hipotético trasplante y que, entre ellas, había una de un convento en la que, con 32 firmas, todas las monjas me decían que enviáramos un médico para que les hiciera análisis, porque la que mejor sirviera me daría con gusto uno de sus riñones? ¡Y todos se quedan tristes cuando les explico que, aparte de que, en mi caso, la cosa es muy complicada, los médicos nunca aceptan donaciones de vivo, salvo en caso de hermanos de gran parecido biológico! Recuerdo aún cómo lloraba una señora –desconocida para mí– cuando, por teléfono, le di las gracias por su ofrecimiento, pero le dije que no podía aceptarlo. ¡Con lo contenta que estaba ella al haber encontrado algo en que podía ayudarme! Sus lágrimas, claro, valieron para mí más que todas las donaciones del mundo.

¿Comprenden ustedes ahora –y podría contar mil historias más– por qué yo me obstino en creer que el hombre es mucho mejor de los que sospechamos?

Lo malo es lo de siempre: que los asesinos salen en los periódicos y en la televisión, y el amor, en cambio, suele ser invisible; que si una madre maltrata a su hijo nos enteramos todos, y que si cinco millones de madres se sacrifican por los suyos, nadie habla de ello. Y así acabamos pensando que sólo existe lo que nos cuentan. Pero yo me atrevería a apostar que si ponemos en un platillo de una gigantesca balanza todos los actos de egoísmo y en el otro los gestos de amor y solidaridad, el fiel oscilará hacia estos segundos. En todo caso, amigos, yo les convoco para que pongan ustedes su grano en este plato.

16

CINCO VECES MÁS

Lo que más me impresionó en mi primer viaje a Israel fue el comprobar que, en todas las casas, el mueble fundamental era la biblioteca. En todas ellas, en algún rincón, los libros «reinaban». Por ello no me extrañó cuando me dijeron que Israel era el único país del mundo en el que el número de librerías era notablemente mayor que el de los bares y cafeterías. ¡Casi como en España, donde, según las estadísticas de este año, nos gastamos cinco veces más en bares, restaurantes y cafeterías que en cultura, espectáculos y todos los demás esparcimientos! Para dar cifras exactas, la familia media se gastó el último año 165.638 pesetas en copas, comidas fuera de casa, mientras que en espectáculos se invirtieron sólo 30.674 por familia. Y añadamos que la diferencia está creciendo: se triplicó entre 1980 y 1989, con lo que nuestra modernización parece empezar por el capricho y no por la cabeza.

He tocado varias veces este asunto en estos cuadernos, pero quiero volver a insistir porque me parece que es la gran clave para entender muchas cosas.

El español (y tal vez el hombre, en general) ha tenido siempre ante el libro tres grandes obstáculos: el precio, el tiempo y el esfuerzo que exige toda lectura.

El primero, el precio, es importante. Es verdad que el libro, en un país de tiradas cortas como es el nuestro, es y ha de ser forzosamente caro. Y si uno coloca la cultura en el décimo puesto de sus intereses, es normal que nunca le lleguen esas dos o tres mil pesetas mensuales que un lector serio necesitaría invertir. Pero siendo caros los libros, no lo son más que un aperitivo en una cafetería o que una entrada para el fútbol o los toros. Lo que sucede es que gastamos sobre todo en lo que nos interesa. Y, desgraciadamente, nuestro país no abunda tampoco en bibliotecas públicas y menos en esas que prestan libros y permiten una tranquila lectura en la casa de cada uno.

Luego está el tema del tiempo. Un lector que no alcance un promedio de una hora diaria de lectura (unos días con otros) difícilmente podrá llamarse un lector. ¿Y de dónde sacar esas horas? Pero aquí uno tiene que preguntarse si no estaremos más ante una disculpa que ante una razón. Porque resulta que ese mismo argumento (la falta de tiempo) se esgrimía hace ya veinte años: nadie tenía unas horas libres para leer. Pero un día llegó la televisión y todos los que carecían de tiempos libres encontraron tres horas diarias para ella. Cuando no más. Y es que el hombre siempre tiene tiempo para lo que quiere, sobre todo si no le cuesta esfuerzo.

Porque tal vez esto último es lo que hace que decrezca el número de lectores. Una hora de lectura supone un mayor esfuerzo mental que cinco horas de televisión o que diez de charleta en un café. Y el hombre es un animal fundamentalmente cómodo.

Pero es que resulta que, normalmente, el fruto de algo se corresponde con el esfuerzo que cuesta conseguirlo. Y un libro bien seleccionado y bien leído estira nuestra cabeza mucho más que cuarenta telefilmes.

El hombre tiene, claro, derecho a divertirse y, añadiré, hasta necesidad de «tirar al vacío» alguna de sus horas. ¿Cómo pedir a quien regresa de trabajar ocho horas de duro estrés que tenga la cabeza lo suficientemente fresca como para enfrentarse con un libro de calado? Hay realmente horas en las que necesitamos, como Rosales decía, «descansar de vivir».

Pero, junto a estos descansos «necesarios», ¿cuántos son los descansos vacíos y vaciadores? ¿No podríamos conseguir un descanso fecundante hecho de páginas leídas y asimiladas? ¡Ay del que en su vida no encuentra alguno de esos rincones! Los hombres tenemos que ser más hombres, las mujeres más mujeres, es decir, «tener más cantidad de verdadera hombría» dentro de cada uno de nosotros. Y yo ciertamente sería un feminista acérrimo si el feminismo empezara siempre por la cabeza.

Recuerdo siempre que, durante mi viaje a Irlanda, lo que más me llamó la atención fue la postura que los hombres adoptaban en los infinitos pubs-bares que pueblan sus ciudades; estaban allí, sentados en la barra, con mucha frecuencia solos, incluso cuando estaban juntos, con un jarro de cerveza o una copa de güisqui ante ellos, silenciosos, en actitud casi adoradora del líquido que tenían delante. Y así pasaban horas, horas. No lo habrían hecho distinto unos animales rumiantes. Pero ¿rumiantes de qué?, ¿de su propio vacío?

17

EL DÍA EN QUE DESCUBRÍ EL SILENCIO

La cosa me ocurrió ya hace muchos años, entre la tercera y la cuarta sesión del Concilio. Por aquellas fechas vivía yo volcando toda mi juventud en el entusiasmo para la difusión de lo que en Roma estaba ocurriendo y que a mí me estaba apasionando. Así que, entre sesión y sesión, me dedicaba a dar docenas de conferencias, de coloquios sobre el Vaticano II. Y hablaba en todo tipo de ambientes: colegios universitarios, seminarios, conventos, allí dondequiera que el asunto pudiera interesar a un grupo de personas. Pero un día la petición que recibí fue, para mí, de lo más extraño. Me escribía el abad de la Trapa de Cóbreces pidiéndome una serie de charlas para sus monjes.

Por aquella época yo conocía sobre la Trapa los cuatro tópicos que en el mundo suelen tenerse: que no hablan sino por gestos, y hasta me creía la tontería esa de que cuando un trapense se cruza con otro le dice: «Morir habemos», y el otro le responde: «Ya lo sabemos». Con todo este bagaje yo me preguntaba a mí mismo qué es lo que podría interesarle del Concilio a quienes vivían en tanta soledad. Pero el abad me tranquilizó explicándome que un monje es un hombre como los demás y un cristiano como los demás y que, por tanto, les interesa todo lo que a los demás hombres y cristianos interesa.

Pero aún quedaba para mí otra duda más grande: ¿En qué tono debería hablarles? A mí siempre me había gustado hablar de las cosas de Dios en el mismo tono con el que hablo de las cosas de la vida, a la buena de Dios. ¿Se me escandalizarían los monjes si lo hacía con ellos? Pero como resultaba que yo no sabía hablar con otro estilo, decidí encomendarme a Dios y que saliera el sol por donde quisiera.

Y allí me tenían ustedes dando mi primera conferencia ¡a las seis de la mañana! Y es que la víspera me había explicado el abad que «como ellos se levantaban a las dos para la misa y los oficios y a las seis ya habían desayunado y hecho no sé cuántas cosas más, si a mí no me molestaba, me habían puesto mi charla a las seis, antes de que los monjes se fueran al trabajo». Así que, a esas horas, más dormido que despierto, estaba yo hablando a los monjes en la solemnidad de una imponente sala capitular. Y, para que la cosa me fuera más desconcertante, me colocaron a mí junto al abad, mientras los sesenta o setenta monjes se alineaban en cuatro filas extendidas verticalmente a lo largo de la sala, de manera que los monjes se miraban los unos a los otros, pero yo no veía sus rostros. Veía solamente unas capuchas enhiestas y unas grandes mangas de hábitos, tras las que yo suponía que estaban sus cabezas y sus brazos, aunque muy bien hubieran podido ser cuatro filas de maniquíes con hábitos y sin «bicho» dentro.

Y como yo no sé hablar a nadie que no me mire a los ojos (al menos no lo sabía entonces, ahora ya me ha enseñado la televisión), pues tuve que usar la treta que en estos casos se usa: contar un chiste muy largo y con mucho «suspense», con lo que vi cómo progresivamente iban levantándose las capuchas y girando hacia mí, hasta que aparecieron sus rostros. Y sí, ¡eran humanos! Se reían y emocionaban como todo el mundo, reaccionaban ante mis charlas de modo muy parecido al de los universitarios o la gente común de la calle.

Poco a poco, en aquellos días fui calando sus vidas, conociendo sus problemas y sus esperanzas. Y como el abad tuvo la generosidad de permitir que también los monjes pudieran hablar, preguntarme, charlar, mis conferencias se fueron convirtiendo en un verdadero intercambio de vida. Y entonces descubrí yo algo que malsospechaba: que los monjes no sólo no eran medios hombres, sino hombres excepcionalmente maduros, llenos, equilibrados, que sabían dar a cada cosa su peso exacto.

Y mi cabeza comenzó a poblarse de preguntas. Yo había ido allí como quien tiene algo que enseñar y empezaba a darme cuenta de que era yo quien tenía todo que aprender. Vi que ellos entendían el sentido de las cosas y de la vida y que, verdaderamente, «habían elegido la mejor parte». ¿Qué no habría dado yo por poseer su realismo? ¡Qué inmaduro me sentía ante ellos! ¡Cuántas toneladas de horas perdía yo yendo de acá para allá, haciendo que hacía, pero sin haber encontrado, como ellos, el camino exacto por el que avanzaban con una sabiduría adquirida y una seguridad que me resultaba envidiable! En verdad eran ellos, entregados a Dios y al silencio, quienes sabían lo que era vivir.

Pero el quinto día de mi estancia ocurrió algo muy especial: se me acercó el maestro de novicios y, después de darle mil vueltas y como con temor a ofenderme, me dijo que mis charlas, y más aún mi persona, estaba creando un problema espiritual a los novicios: ellos, viéndome activo, metido en los problemas más vivos de la Iglesia, estaban empezando a pensar que si no sería el mío el mejor camino y no el suyo: el de consumirse en la soledad y en el silencio. Yo me reí y expliqué al maestro que mi tentación era exactamente la contraria: que era yo quien tenía envidia de la fecundidad de ellos; que, viéndoles, yo había descubierto qué vanos eran muchos de nuestros trabajos en el mundo. Me preguntó el maestro si me atrevería a explicar esto a sus novicios. Y así lo hice. Y todos juntos descubrimos que el «mejor camino» es siempre aquel que Dios le marca a cada uno, pero que, en todo caso, el silencio, la oración en soledad, es uno de los mejores, tal vez objetivamente el mejor. Infinitamente superior en todo caso a esta noria de ruidos que es el mundo.

18

LOS MARIDOS-SARTÉN

Siempre he tenido una simpatía y una admiración muy especiales hacia los monjes. Antes, cuando aún podía yo viajar, me gustaba siempre pasar mis vacaciones o mis días de descanso en monasterios o abadías y charlar con los monjes en sus horas de recreo. Encontraba en la mayoría de ellos una madurez, un equilibrio de alma, unos modos tan sensatos y profundos de entender la vida, que me ayudaban a mí –hombre del barullo– a comprender y entender la mía.

Ese mismo «sabor a vino añejo», esa paz y equilibrio interiores, que hoy es casi imposible encontrar entre la «gente de mundo», he vuelto a encontrarlos leyendo un pequeño-gran libro de un religioso de Poblet que se titula modestamente *Reflexiones de un monje* y que, editado por Sígueme, firma el padre Agustín Altisent. Es un libro que no intenta descubrir ningún mediterráneo. Son unas simples «reflexiones» sobre la vida, la Iglesia, la fe, pero que tienen ese sentido común que suele ser tan poco común en nuestro tiempo. Hay, por otro lado, en sus páginas un amor a las pequeñas cosas, una ternura sobre el mundo que parecen inhabituales en un corazón que permanece encerrado entre cuatro paredes. Pero es que cuando se tiene verdadero corazón y auténtica humanidad, poco importa ya dónde se vive.

Pues bien: en este libro hay una página que me sirve de apoyo para este comentario mío de hoy. Cuenta el padre Altisent que, enseñando un día el monasterio a una familia, al entrar en la bellísima sala gótica que en Poblet se llama «del abad Copons», la buena señora, por todo comentario, preguntó: «Y esta sala, ¿para qué sirve?».

El padre Altisent no pudo evitar una sonrisa irónica y explicó a la buena señora que esa sala ya hacía algo muy importante siendo tan hermosa como era y que su utilidad práctica interesaba mucho menos que su belleza. Y cuando la señora partió, el monje se quedó pensando qué habría respondido si la ilustre dama, en lugar de preguntarle para qué servía aquella sala, hubiera querido saber para qué sirve un monje. Y se responde a sí mismo que «un monje no sirve de, ni sirve para, sino que sirve a». Es decir, que lo importante del monje no es lo que pudiera producir (libros, o quesos, o licores), sino el hecho de «servir a Dios».

Respuesta que seguramente habría maravillado a aquella señora y que tal vez asombre un poco a algunos de mis lectores. Porque vivimos en un mundo que parece pensar que el único valor de las cosas o de las personas es su utilidad práctica. ¡Mala jugada la que nos hicieron el señor Adam Smith y el señor Carlos Marx, que lograron convencernos a todos de que lo que no sirve para producir no sirve para nada! ¡Pobres flores! ¡Pobres versos de los poetas! ¡Pobres ríos de la montaña! ¡Pobres santos y místicos también! Nuestro utilitario mundo habría corregido a Hamlet y le habría hecho decir: «Ser productivo o no ser», ya que hoy se pensaría que «ser hombre», «estar vivo», «difundir alegría o amor» son cosas que no existen o que, al menos, no sirven para nada.

Podría decirse, en todo caso, que las cosas tienen que «servir para» algo, ¡pero no las personas! Unas tijeras sirven para cortar, una cuchara sirve para tomar la sopa, una sartén para freír. Pero –comenta divertido el padre Altisent–, «¿qué habría dicho esa señora si alguien le pregunta para qué sirve su marido o de qué sirve su marido?». Y se responde a sí mismo el buen monje: «Si una señora pensase que esas expresiones se le pueden aplicar a su esposo, sería señal de que, para ella, su marido es un marido-sartén».

La frase me ha encantado, porque, efectivamente, hay muchas personas en nuestro mundo que miran a cuantos les rodean como hombres-sartén, y así tienen marido-sartén, hijos-sartén, servidores o criadas-sartén. Sartenes cuyos mangos parecen tener en sus manos. Son gentes que «usan» a los demás y, encima, los usan como servilletas de «usar y tirar». Es decir, te quieren en la medida que les sirves para algo y te olvidan cuando ya, más que servir, les pesas. ¿Cuántos ancianos-sartén no habrá en nuestro mundo? ¿Cuántos amigos-sartén tenemos cada uno de nosotros?

Habrá que reivindicar el valor de lo inútil. De la belleza que no «sirve» para nada. De la sonrisa que tampoco «sirve». Del amor que no sirve para nada... práctico y, por tanto, es lo único que sirve para algo verdadero.

Sin olvidar que cuando los creyentes servimos «a» Dios en realidad no le servimos «para» nada, ya que Dios nada necesita. Y lo mismo habrá que decir, a la inversa, cuando alguien nos pregunte: «Y creer en Dios, ¿para qué os sirve?». Pues... para nada. Creer en Dios nos llena, nos hace felices, es maravillosamente inútil, aunque no nos cure nuestras enfermedades, aunque nos siga dejando en la noche oscura. Yo, al menos, no le sirvo «a» Él «para» que Él me sirva. Le quiero porque le quiero, lo mismo que Él me quiere porque me quiere. Eso es todo. Y no me dirán ustedes que preferirían que Dios se pareciera a los tornillos (que sirven para tanto) y no a las flores (que, felizmente, no sirven para nada).

19
EL ÚLTIMO MILAGRO
DEL PADRE LLORENTE

Creo que debo muchos trozos de mi infancia –tal vez de los mejores– al padre Segundo Llorente. Verán ustedes: allá en los años de la primer posguerra no había demasiadas cosas que exaltaran la imaginación de un muchacho y, menos aún, que llenaran su corazón. Televisión –gracias a Dios– no teníamos. El cine, en una diminuta ciudad como la mía, lo pisábamos una vez al mes, cuando mucho. Los tebeos podían entretenerte, pero no llenarte. A mí, en definitiva, el Capitán Centella o Roberto Alcázar y Pedrín me dejaban al fresco. Con lo que no tenías otro palacio interior que las lecturas, que tampoco abundaban precisamente para los muchachos. Aunque yo supliera ese vacío –y bien que me alegro– tragándome medio Lope de Vega, medio Dickens y hasta Homero o Virgilio, si bien no sé si logré enterarme de mucho. Mas ahí se quedaron, en el baúl del alma.

Pero lo que a mí verdaderamente me llenaba –fíjense qué pecado más idiota– eran las novelas misionales. El 90 por 100 eran literariamente deleznables, lo confieso, pero a mí me eran útiles para llenar mi imaginación de fantaseos.

Y, entre todas, hubo algunas que fueron para mí la primera de mis drogas: las novelas que el padre Llorente iba publicando por capítulos en *El Siglo de las Misiones*. Cada nuevo número de la revista era como una multiplicación de mi alma. En buena parte, claro, por lo que tenían de heroísmo: aquel misionero español, casi paisano mío, perdido en desiertos en los que a kilómetros vivían pequeños grupitos de esquimales que debían de tener la piel de sus almas más dura que la de las focas, pero a los que el padre Llorente quería con una vocación sencillamente inexplicable, me producía tanta admiración como asombro. Le veía –siempre al lado de una estufa– rodeado por pequeñas familias de akuluraqueños, explicándoles un catecismo que no entendían ni a la de tres, siempre a treinta grados bajo cero, en interminables noches de dieciocho horas. Llorente era como el protagonista de mis sueños, ¡y qué confortable me parecía mi jergón de seminarista, apretándome en mi única manta, mientras le imaginaba a él en la soledad de un iglú!

Pero la verdad es que lo que del padre Llorente me impresionaba más que nada no era ni lo duro ni lo aventurero de su vida, sino el que él la viviera tan alegremente. Este hombre tenía como el carisma del gozo, de convertir en broma permanente las cosas más apasionantes. Una vez te explicaba, muy divertido, que, al despertarse por las mañanas, muchos días no podía abrir materialmente la boca, porque al habérsele hecho carambanitos en torno a los pelos del bigote y de la barba, se le entrecruzaban y formaban una rejilla que encarcelaba su lengua. Otra comentaba sus esfuerzos para explicar a los suyos la diferencia entre un pecado grande y un pecado pequeño, que no estaba, como sus esquimales entendían, en que pecado grande fuera matar o pegar a un adulto y pecado pequeño hacerlo a un niño.

Del padre Llorente dijo uno de los que le conocieron que «parecía que Dios le hubiera ungido con el óleo del júbilo». Y era literalmente cierto. Pero lo era por razones profundamente teológicas. Él confesaba abiertamente que «la bondad de Dios me inunda y me pasma y me deja literalmente alelado». O explicaba muy razonablemente por qué el que ama no sufre: «El misionero no sufre gran cosa si tiene vocación. Es un error imaginarse al misionero medio destrozado por las fatigas, triste, suspirando ayes continuamente y hecho una miseria. Cuando Dios escoge a uno para un oficio, le da todas las ayudas que necesita para desempeñar razonablemente dicho oficio. Dios está con el misionero que lo es por vocación y le hace alegre la vida. La nieve da gusto verla tan blanca. El hielo es ideal para patinar. El frío ayuda a no sudar cuando uno está forrado de pieles, que, de otro modo, le tostarían a uno. Los piojos no son tan repulsivos como los pintan: da gusto verles moverse perezosamente, tan inocentones e indefensos. La soledad ayuda poderosamente a unirse con Dios y a despojarse de las bajezas de este mundo tan villano, tan infeliz y tan lleno de cementerios». ¿Cómo puede estar triste quien logra ver así el mundo?

Lo único que a Llorente le entristecía –y eso mucho– era la frivolidad con la que los cristianos podíamos soportar que cuatro quintas partes del mundo no hubieran oído aún jamás el nombre de Jesús. Por eso gritaba a sus compañeros jesuitas y sacerdotes: «Pero ¿qué van a hacer ustedes en España? En España el que se condena es porque le da la gana: tiene todos los medios para salvarse, tiene iglesias, tiene sacerdotes, tiene de todo. Pero hay miles y miles de paganos que no han oído nunca hablar de Jesucristo». Luego, en otras páginas, entendía, sí, que se podía misionar también desde un hospital o desde la propia casa, pero le parecía a él que, en el fondo, la cobardía nunca puede producir demasiada alegría.

Ahora, año y medio después de su muerte, han querido reeditar una antología de aquellos escritos suyos que eran inencontrables. Bajo el título de *Cuarenta años en el Círculo Polar*[1], nos llega esta ráfaga de gozo. Y ha pasado por mi casa como un trozo de lo mejor de mi infancia, como un renovado milagro de alegría. Uno de esos milagros que, mientras agonizaba, le pidió su hermano que siguiera haciendo desde el cielo. «Pero ¿tú te crees —musitó el agonizante— que en el cielo voy a mandar yo?». «En el cielo —insistió el hermano— mandan los amigos de Dios». Y los ojos de Segundo Llorente se iluminaron por última vez: «¡A eso no quiero que me gane nadie!».

1. S. Llorente, *Cuarenta años en el Círculo Polar,* Sígueme, Salamanca [4]2001.

20

LA SORDERA DE DIOS

El otro día recibí una carta que me produjo una gran tristeza. Tristeza porque era anónima (su autora, contradictoriamente, me pedía ayuda y me quitaba toda posibilidad de dársela al cerrarme, además, su amistad, que implica, como mínimo, no ocultar el nombre y la mano que se tiende). Pero triste sobre todo porque dejaba ver lo mucho que aquella buena señora estaba sufriendo: hacía pocos meses que había muerto, casi repentinamente, su marido, y ella no sólo no había logrado digerir esa muerte, sino que la estaba volviendo en un odio creciente a Dios y a toda su formación religiosa.

Se sentía estafada. ¿No le aseguraron que Dios protegía y amaba a los buenos, a los que le amaban? ¿No le habían contado mil veces que la oración todo lo puede? ¿Por qué Dios se había vuelto sordo ante sus gritos la primera vez en que realmente había clamado hacia Él? Y las promesas que algunos le daban ahora de que algún día le reencontraría, ¿no eran un cuento más para tranquilizarla? De otro modo, ¿por qué en su alma, lejos de crecer la pacificación, aumentaba de hora en hora la «certeza», decía ella, de que detrás no hay nada, de que todo es una gigantesca fábula, de que la habían engañado como una niña desde que nació?

Me hubiera gustado poder charlar serenamente con esta señora. Averiguar, sobre todo, si estos desgarramientos venían del impacto de un golpe tremendo del que no se había repuesto y que le impedía hasta discurrir, o si eran fruto de un discurso sereno (y envenenado) de su alma. Pero toda esta posibilidad me la negaba al no firmar su carta y tampoco podía esperar, sensatamente, que en el corto espacio de un artículo yo contestara y tratara de curar cada una de «sus» heridas, distintas sin duda de las de otras personas que hubieran pasado por un problema parecido.

Tal vez en esa conversación yo hubiera podido ser hasta un poquito duro con esa señora y decirle abiertamente que ese terrible dolor podía ser «su gran clarificación», la hora en que descubriera que la educación que le dieron y el evangelio que ella de hecho practicaba no eran, en realidad, un verdadero cristianismo, sino una variante de religiosidad egoísta y piadosa. Al parecer, su Dios era algo hecho para hacerla feliz a ella y no ella alguien destinada a servir a Dios. Su Dios era «bueno» en la medida que le concedía lo que ella deseaba, pero dejaba de serlo cuando señalaba un camino más empinado o estrecho. Tal vez habría podido aclararle que es cierto que la oración concede todo lo que se pide, siempre que se le pida a Dios que nos conceda lo que Él sabe que realmente necesitamos y que la gran plegaria no es la que logra que Dios quiera lo que yo quiero, sino que yo logre llegar a querer lo que quiere Dios. Amar a Dios porque nos resulta rentable es confundir a Dios con un buen negocio.

La fe en Dios, su amor, la confianza en Él son cosas bastante diferentes de lo que mucha gente cristiana piensa. Los verdaderos santos, como los auténticos amantes, vivieron el amor de Dios, pero sin pasarse toda la vida preguntándose cómo se lo iba Él a agradecer.

Sería interminable hablar de todo esto. Pero yo quiero concluir citando unos fragmentos de una carta de santo Tomás Moro, escrita en la Torre de Londres, cuando esperaba que, por su fidelidad a Dios y a su conciencia, iban a cortarle dentro de muy pocos días la cabeza:

«Aunque bien sé –dice a su hija– que mi miseria ha sido tan grande que bien merezco que Dios me deje resbalar, no puedo sino confiar en su bondad misericordiosa, que, así como su gracia, me ha fortalecido hasta aquí y ha hecho que mi corazón se conforme con la pérdida de todos mis bienes y tierras, y la vida también, antes de jurar contra mi conciencia. Nunca desconfiaré de Él, Meg; aunque me sienta desmayar, sí, aunque sintiera mi miedo a punto de arrojarme por la borda, recordaré cómo san Pedro, con una violenta ráfaga de viento, empezó a hundirse a causa de su fe desmayadiza, y haré como él hizo: llamar a Cristo y pedirle ayuda. Y espero que entonces extienda su santa mano hacia mí y, en el mar tempestuoso, me sostenga para no ahogarme. Sí, y si permite que aún vaya más lejos en el papel de Pedro y caiga del todo por el suelo y que jure y perjure también, aun así confiaré que su bondad echará sobre mí una tierna mirada llena de compasión, como hizo con san Pedro, y me levante otra vez y confiese de nuevo la verdad de mi conciencia. Sé que sin culpa mía no dejará que me pierda. Me abandonaré, pues, con buena esperanza en Él por entero. Y, si permite que por mis faltas perezca, todavía entonces serviré como una alabanza de su justicia. Pero la verdad, Meg, confío que su tierna compasión mantendrá mi pobre alma a salvo y hará que ensalce su misericordia». «Nada puede ocurrir sino lo que Dios quiere. Y yo estoy seguro de que, sea lo que sea, por muy malo que parezca, será de verdad lo mejor».

Ser cristiano es aceptar cosas como éstas, disparates como éstos. Saber que la hora de la oscuridad es la mejor hora para verle. Aceptar que un dolor, por espantoso que sea, puede ser el momento verdadero en que tenemos que demostrar si amamos a Dios o nos limitamos a utilizarle.

21
CUADERNO DE LA SENCILLEZ

Cuanto más avanzo por la vida, tanto más me convenzo de que las cosas de este mundo son tanto más buenas cuanto más sencillas, que es la complicación lo que las envenena, que nos pierde la obsesión por aparentar que somos importantes y retorcemos todo, creyendo que con ello destacamos y salimos de la mediocridad. Es todo lo contrario: lo mediocre son los perifollos, lo estéril es lo enrevesado, las personas son tanto menos felices cuanto más ponen la felicidad en cosas difíciles. En cambio, lo sencillo, el ver las cosas como son, el disfrutar de lo pequeño, el preferir ser amable a ser ilustre, el querer a la gente sin preguntarse mucho si se lo merecen o no, todo eso es lo que va llenando los rincones de nuestra alma de verdadera alegría.

Esto lo mido yo a diario a través de la gente que me escribe: la mayoría es gente simple, me cuentan sus cosas sin darse importancia como si charlasen con un hermano. Esta gente, además, habla bien de todos cuantos les rodean: están orgullosos de sus padres: aprecian o, por lo menos, disculpan a sus educadores; me cuentan que, a pesar de sus problemas, están seguros de que la vida va a ir mejor o que, al menos, ellos están dispuestos a sacarle el máximo jugo. Y me dicen todo esto sencillamente, sin tratar de convertir sus cartas en monumentos literarios.

No todos son así, claro; nunca faltan los retorcidos, los que, además de tener complejos, los cultivan cuidadosamente para que no dejen de crecer. Y hablan mal de todo el mundo, claro: parece que los pobres vinieron a caer en un nido de víboras. ¿Y el futuro? Lo ven negrísimo. Si no hay dificultades, las inventan. Las que hay, las multiplican. En fin: que si no sufren no son felices.

Y todo esto suele multiplicarse en lo religioso: ¡Hay que ver lo difícil y lo complicado que lo vuelven algunos! Su Dios parecen haberlo sacado de alguna civilización azteca, porque parece estar siempre hambriento de sangre y sacrificio. Piensan que amarle es escalar una montaña de sacrificios diarios y se sienten en la obligación de acumular cada día toneladas de oraciones, porque si no nunca le tendrán contento. Y aun así, viven en el miedo. No se les ocurre, ni por equivocación, pensar en el cielo y, en cambio, todos los días ponen unas cuantas cucharadas de infierno en su vida cotidiana.

Y, claro, la religión no es toda vida y dulzura. También hay «noches oscuras», pero los santos sabían muy bien que, al hablar de las «noches oscuras», estaban queriendo decir que también hay muchos días clarísimos y que la mayoría de las noches son claras también.

Dios no puede ser un jeroglífico. Un buen amigo siempre es fácil de entender y no necesita que le dediquemos todos los días una tabla de gimnasia moral para demostrarle que le amamos.

Para los seres complicados lo difícil es, sobre todo, orar. Creen que hay que ser listísimo para rezar bien y que Dios espera de nosotros una madeja de complicaciones cada vez que hablamos con Él.

A todos éstos me gustaría a mí contarles aquella vieja historia que una vez leí en un libro de cuentos hasídicos judíos: Érase que se era un pobre campesino, tan bueno como inculto, que tenía que hacer grandes esfuerzos para orar. Iba, por ello, siempre cargado con su libro de oraciones que, luego, a la caída de la tarde, leía poco más que deletreándolo. Y sucedió que un día, durante un viaje, descubrió, al llegar la noche, que se había olvidado su libro de oraciones. ¿Qué hacer? ¿Cómo acostarse sin hacer sus oraciones? Trató de hacer un gran esfuerzo para ver si conseguía recordar alguna de memoria, pero imposible, no sabía ni dos palabras seguidas.

Y entonces, como era un creyente bueno y sencillo, se volvió hacia Dios y le dijo: «Señor, Tú ya sabes que soy muy distraído y que me he dejado en casa mi libro de oraciones. También sabes que soy un burro que no se sabe de memoria ni una sola. Pero, verás, voy a hacer una cosa: voy a recitar cinco veces y muy despacio todo el alfabeto, y entonces Tú coges las letras, las juntas como deba ser y con ellas formas la oración que a Ti te guste más».

Podéis estar seguros de que a Dios aquel alfabeto le gustó muchísimo. Más que todas las plegarias que jamás hayan construido todos los retóricos juntos.

Esta sencillez, ya lo sé, es algo muy difícil de conseguir. Y todos los escritores saben que escribir sencillamente no es un punto de partida, sino un punto de llegada, porque realmente ni se escribe, ni se ama, ni se trabaja bien más que cuando todo eso se hace con las transparencias del agua clara. A los hombres lo normal no es que nos falten cosas (sabiduría, habilidad, prudencia, etc.), sino que nos sobran orgullo, ganas de aparentar, afanes por darnos importancia.

Jesús lo dijo sin darle muchas vueltas: Si no os hacéis como niños, no entraréis en el reino de los cielos. Si no sois sencillos y no tenéis el corazón abierto, ni seréis felices ni serviréis para nada y Dios os mirará un poco desconcertado, como quien tiene que adivinar un jeroglífico.

22

FELICIDAD ES COMUNIDAD

En la Universidad de Lovaina han realizado una encuesta (que luego se ha repetido en varios países y siempre con parecidos resultados) en la que se daban a niños menores de doce años tres dibujos que representaban diversos modos de celebrar su cumpleaños, y se les pedía que dijeran cuál de los tres les apetecía más:

—El primero representaba a un niño solo, sentado en el suelo y rodeado de toda clase de juguetes.

—El segundo pintaba al mismo niño en la mesa con sus padres, mientras se disponía a abrir un gran paquete con un regalo que había sobre la mesa.

—El tercero era la imagen de ese mismo niño con mucha gente, padres, familiares, amigos, jugando y divirtiéndose, pero sin ningún juguete.

¿Saben en qué proporción fueron elegidos estos dibujos? Sólo un quince por ciento escogió el primero. Otro quince por ciento se inclinó por el segundo. Un larguísimo setenta por ciento prefirió sin vacilar el tercero.

La respuesta tiene su busilis: aunque creemos que los niños son ante todo egoístas y lo que prefieren son los regalos de los que les colmamos, lo cierto es que, a la hora de la verdad, saben muy bien que el mejor de todos los regalos es la amistad, la compañía, y han entendido que, en circunstancias normales, hay mucha más felicidad en la comunidad que en la soledad, y que una cosa no es enteramente buena más que cuando se comparte.

En más de una ocasión he hablado ya en estas páginas de lo positivo de la soledad. Pero, aparte de que siempre hablé de una «soledad acompañada» (de libros, de música, de paisajes, de Dios), también he pensado siempre que la mejor felicidad se consigue en un inteligente equilibrio entre soledad y compañía.

Porque si, efectivamente, mejor es estar solo que mal acompañado, mucho mejor es estar bien acompañado que solo.

Y es que Dios creó al hombre como un «animal social» y se dio cuenta en seguida de que Adán no sería completamente feliz mientras no tuviera, al menos, una compañera de su estirpe y de su naturaleza. Porque los animales eran preciosos, pero no eran lo mismo. Por eso Jesús fundó en la tierra la Iglesia (Iglesia quiere decir convocatoria, reunión) como algo comunitario y preparó un cielo en el que estaremos con Él, pero también con los hermanos. Hubo herejes en siglos antiguos que defendían que en el cielo cada uno estaría sólo con Dios solo; pero la Iglesia nunca fue partidaria de semejante idea: en el cielo estaremos todos juntos.

Pero lo extraño es que, siendo las cosas así, en la tierra nos dediquemos tan apasionadamente al cultivo del egoísmo. Sartre decía que «el infierno son los otros», y se entiende que con tales ideas no fuera precisamente muy feliz. Los otros son en realidad –aunque a veces nos chinchen– la causa, el objeto, el destino de lo mejor de nosotros mismos: nuestro amor.

Si algún verbo habría que aprender a declinar en este mundo tendría que ser el que menos se usa: el verbo compartir. Chesterton, que sabía un rato de estas cosas, solía comentar que sólo cuando se comparte se siente uno realizado. Y hay que compartirlo todo, decía: «Si dos van juntos y uno solo lleva paraguas, hay que compartir el paraguas. Y si ninguno de los dos lleva paraguas, hay que compartir la alegría y el buen humor de mojarse».

Pero me temo que nuestro tiempo no sea precisamente el de la gente que comparte. Hoy es facilísimo encontrarse multitudes, pero, claro, una multitud no es una compañía; normalmente es un amontonamiento de soledades.

Y ahora me sale al encuentro una dificultad: ¿No es cierto que cada hombre es cada hombre, que, en definitiva, yo debo cultivar mi individualidad, llegar a ser el que soy y que, por mucho que se quiera, nunca seré mi vecino?

Me parece que estamos en uno de los quicios más difíciles de la condición humana: ¿Cómo lograr ser el que soy sin encerrarme en mí mismo? ¿Cómo realizar mi verdadera identidad sin olvidar que soy un ser social por naturaleza y que uno de los elementos fundamentales de esa identidad mía es «ser para los demás», hasta el punto de que tanto más yo soy yo cuanto más abierto esté en todas las direcciones?

Esa doble lucha es tarea para toda una vida. Pero sin olvidar que, a fin de cuentas, la meta de toda felicidad es aquella que los latinos resumían en el juego de dos verbos: *amare et amari*, «amar y ser amado». Quien no logre un nivel aceptable de estas dos tareas ya puede acumular todos los kilos que quiera de las otras formas de felicidad (poder, influjo, ciencia, posesión); seguirá estando en mantillas en el arte de ser feliz.

23

GENTE FELIZ

Al regresar de mis vacaciones –y empiezo pidiendo al lector perdón por este arranque tan confianzudo– me he traído en las maletas del alma cuatro gozos nuevos: dos de carácter muy personal (el cuerpo felizmente descansado sin prisas y un nuevo libro –pequeño, de poemas– entre mis carpetas) y otros dos mucho más generales, que estoy seguro de que han compartido la mayoría de los que me leen.

El primero de éstos es el reencuentro con la naturaleza viva, real. Quienes tenemos la desgracia de vivir en el cemento (sobre todo) no sabemos lo que realmente es el mundo. Una semana, quince días frente al mar o la montaña cambian el alma. ¡Dios, y qué bien hecho está nuestro pequeño y querido planeta! ¡Ese milagro del mar, siempre en movimiento y siempre inmóvil, que uno podría contemplar durante horas y horas sin cansarse! ¡Esos montes, hechos para ser acariciados por la mirada! ¡Esas gaviotas, que nos saludan y se despiden de nosotros como pañuelos blancos! ¡Esas puestas de sol, en las que el horizonte se convierte en un cordero degollado! ¡Y más aún que ningún otro, ese aire fresco y húmedo que, al respirar, vuelve a bautizarnos los pulmones y el alma!

Todo parece hecho para gritar felicidad, y aunque no logra, claro, alejar los dolores del mundo, ¡cómo nos certifica que fuimos hechos para la dicha y nos asegura que la alegría es más sólida y duradera que todas las tristezas! Estas semanas –a mí, al menos–

me han dado cuerda para soportar forzosamente durante muchos meses los cansancios que nos esperan en los próximos meses de trabajo y gris. ¡Ojalá muchos de mis lectores puedan decir lo mismo!

Pero ahora voy a precipitarme a decir que la otra alegría ha sido aún mucho más sólida y sustancial, y es que durante mis vacaciones he visto a mucha gente feliz. Que parecía feliz y que yo creo que lo era.

Sentado en aquella terraza que se abría frente al mar, he visto desfilar, por el largo paseo que lo bordeaba, un espectáculo infinitamente más hermoso que el mar y la montaña: las familias de gentes que reían, corrían, disfrutaban. Muchos caminaban en silencio o en voz baja (porque la anchura del océano es un espectáculo tan sagrado que hace que amortigüemos las palabras como en una iglesia o en un hospital), y otros chillaban como si quisieran imitar a las gaviotas que sobrevolaban sus cabezas. Iban parejas de muchachos cogidos de la mano o de los hombros con un cariño que respiraba limpieza. Pero que no ganaba en ternura a aquellas otras parejas de matrimonios mayores o incluso ancianos que buscaban también sus manos para transmitirse su mutua felicidad.

Pero los más felices eran, claro, los niños. Sobre todo los más chiquitines, que parecía que acabaran de estrenar sus piernas, que se curvaban como si fueran a caerse en cada momento y que, de hecho, se caían en cada desnivel de la hierba o de la arena, pero que no lloraban porque, cerca de una playa, caerse es muy divertido. Y corrían los chavalines, mal sujetados por los gritos de sus padres, que temían se les alejaran más de lo justo. Y todo era milagroso para los pequeños, que con sus dedos regordetes lo señalaban todo: «Mira, mira», como si el mundo acabara de ser descubierto por ellos.

Y las máquinas de fotografías no cesaban de disparar. Cientos de máquinas, miles de carretes, millones de fotografías que trataban de apresar la risa del pequeño ante aquel mazo de flores, mientras al pequeño le interesaban mil veces más las flores que la fotografía y no miraba al objetivo por más que sus padres le gritaran.

Y luego los padres le cogían en hombros y en el rostro paterno brillaba una satisfacción mayor de la que pudieran sentir llevando a sus espaldas a un emperador. Y se volvían los padres caballos trotones o perros ladradores, porque nada era ridículo cuando se trataba de jugar con su hijo.

¡Y qué orgullo sentían de tener aquel hijo! Yo, que he renunciado a la paternidad por la única causa que creo que sea mayor que ella –la entrega al anuncio del nombre de Jesús con un amor exclusivo–, sentía (¿y por qué no decirlo?) ramalazos de envidia al ver aquel amor tan limpio de padres e hijos, de novios y amigos, de toda esa gran mayoría de buena gente que cubre el planeta.

Y pensaba yo: ¡Qué sacrificio el de estos padres a quienes toca viajar con niños chiquitines (y eso cuando no eran tres o cuatro), que de pronto se cansan y comienzan a llorar o se emberrinchan con el menor caprichito! Pero veía que lo hacían con gusto, que aquel esfuerzo no les pesaba con tal de estar juntos o compartir su gozo. Y entendía yo que los problemas y las dificultades no dependen sino del corazón.

Mas luego sucedía que, si anochecido ya, y antes de irte a la cama, se te ocurría encender el televisor, allí sólo encontrabas guerras y violencias, tipos odiosos que, en series odiosas, trataban de hacer el mayor daño posible a sus semejantes. ¿Pero qué ocurre? ¿Qué tiene que ver lo que nos cuentan las pequeñas pantallas y los mismos periódicos con lo que tú respiras en la realidad, cuando miras a los rostros, los verdaderos rostros de todos esos otros millones de seres felices que pueblan el país, pero de los que nadie habla?

Hay dos mundos: el pintado y el vivo. Y gozosamente el más abundante es el de toda aquella gente feliz que en la playa jugaba con sus hijos con una pelota de colores o estrechaba con ternura la mano de su novia o esposa… ¡Gente feliz, bendita sea!

24

EL HOMBRE QUE GASTABA BIEN SU DINERO

Charlaban aquellos dos amigos sobre el dinero que ganaban, y uno le decía al otro: «Pues chico, con lo que tú estás ganando deberías vivir como un príncipe. No entiendo en qué se te va el dinero». Y el segundo amigo le respondió: «La cosa es bien simple: de todo lo que gano, invierto un tercio en pagar deudas, otro tercio lo coloco a buen interés para el futuro, y con el tercer tercio, vivo». «Pero ¿tantas deudas tienes? ¿Y qué interés es ése?», insistió el amigo. «Te lo explicaré: Tengo una deuda enorme con mis padres, a quienes costé un dineral para pagarme un carrera y mantenerme mientras preparé oposiciones. Ahora ellos están mal y soy yo quien les sostiene». «¿Y los intereses?». «Es lo que invierto en la formación de mis hijos. Este es un capital un tanto arriesgado, como cuando juegas en bolsa: puede que sea un fracaso y que a la larga no te produzca nada. Pero si tienes un poco de suerte, te aseguro que no hay dinero mejor invertido, por el hecho de hacer a unos hombres, porque esos hombres son mis hijos y porque, incluso, puede que me lo devuelvan dándome muchas alegrías el día de mañana».

Esta conversación que cuento tiene –como mis amigos pueden sospechar– mucho más de fábula moral que de hecho real. Pero dice verdades como puños.

La primera es la deuda que todos tenemos hacia nuestros padres. Esa deuda que casi nadie reconoce y en la que raramente pensamos. Los padres tienen, claro, obligación de encargarse de la educación de sus hijos. Pero esta obligación suya no hace menor la deuda por parte de quienes la reciben. ¿Cuánto más cómoda podría haber sido la vida de nuestros padres sin nosotros? ¿De cuántas cosas tuvieron que privarse para pagar nuestras medicinas, nuestros estudios, nuestras mismas diversiones? Y no basta con decir: Era su obligación, si no querían hacer esos gastos, nadie les obligaba a tenernos. No basta, porque si nos tuvieron fue por amor y para darnos a nosotros algo tan bueno como es la vida y todo lo que en ella somos.

Yo siempre he considerado que el mejor dinero y, sobre todo, el mejor tiempo que un hombre puede invertir es el que emplea en agradecer y hacer felices a sus padres. Si a mí me preguntan ustedes cuál es el mayor orgullo de mi vida, les diré que fue poder realizar uno de mis sueños. A mí me pagaron mis padres la carrera en la Universidad de Roma con mucho esfuerzo, con muchas privaciones suyas. Y siempre soñé que, un día, yo podría llevar a mis padres a conocer Italia. Y el premio Nadal me vino de perillas para realizar ese sueño. Nunca he gastado mejor un dinero que en aquellas tres semanas en las que recorrí Italia con ellos. Aún hoy –treinta años después– veo el brillo de los ojos de mi madre en la audiencia con el papa o la alegría de mi padre cuando nos sentamos a tomar un helado en la plaza de Venecia. Ése, ése fue mi mejor premio, superior a toda la fama y a todos los prestigios que cualquier premio literario pudiera darte.

Y la segunda gran felicidad es poder preparar con nuestro trabajo la felicidad de otros seres, y no digamos si se trata de hijos. Regalar es siempre un regalo para el que regala.

Y no me digan ustedes que el noventa por ciento de los hijos no serán el día de mañana conscientes de los esfuerzos que sus padres hicieron por ellos. Es verdad. Es tristísimo, pero es verdad. La ingratitud es una de las espinas más crueles que lleva en su carne la raza humana y estamos acostumbrados a encontrar natural que nuestros padres se hagan cargo de nuestra educación y nuestros estudios. ¡Cuántos ancianos en la miseria no recibirán jamás ni el diez por ciento de lo que en sus hijos invirtieron! Sí, no lo oculto: el amor es una bolsa peligrosa en la que con frecuencia las acciones del cariño van bajando de cotización en manos de los que ahora las tienen.

Y, sin embargo, agradecidas o no, son inversiones que deben hacerse y con gozo. Yo sé que de hecho los más de los padres no regatean jamás en lo que hay que gastar para sus hijos y que lo hacen sin preguntarse si un día eso será agradecido. Esta es una de las grandes cosas que tiene la raza humana: que el verdadero amor es siempre gratuito y sin espera de compensaciones.

Pero tal vez por eso (porque los padres son generosos por naturaleza, salvo algunos monstruos) tendrían los hijos que aguzar su conciencia para descubrir que esos intereses hay que pagarlos si uno quiere ser un hijo de verdad. ¿Qué vale la compra de un coche nuevo frente a una tarde de felicidad a unos padres?

Y si, encima, uno es cristiano, ¿cómo olvidar que Jesús no hablaba en broma cuando decía aquello de que al que da algo se le dará el ciento por uno? Esa sí que es una buena herencia.

25
RESUCITAR CON MI PUEBLO

Hace un par de semanas se ha jubilado un anciano sacerdote de un pueblecillo de Salamanca. Estaba allí desde ni se sabe cuántos años. Era tan del pueblo como su iglesia. Él había bautizado a prácticamente todos los vecinos, les había dado la primera comunión, les había casado, les había acompañado docenas de veces hasta el cementerio para enterrar a sus muertos. Pero ahora le llegaba la difícil hora de la jubilación. Por él se habría retrasado hasta nunca. Pero las fuerzas de un hombre tienen su límite. Y el obispo –siguiendo una buena costumbre de la diócesis– ha querido que él, como otros sacerdotes ancianos, en lugar de arrinconarse en sus últimos años sintiéndose inútiles, pase a puestos más sencillos y de menor responsabilidad y trabajo en parroquias o conventos de la capital.

Y como resulta que al cura de este pueblo de Salamanca la gente le quería entrañablemente, la despedida fue tan emotiva y difícil para él como para todos sus feligreses, que se apelotonaban en la iglesia a la hora del adiós. Y nuestro buen cura se emocionó al hablar en su último sermón, pero más se emocionó su auditorio cuando el cura, como abriéndoles su corazón, les dijo que les iba a revelar un secreto que no sabían los miembros de su familia. Y era que, en su testamento, había dejado dicho que deseaba que el día de su muerte le llevaran a enterrar allí, porque –y esto es lo que emocionó a la gente– «quiero resucitar con todos vosotros, con mi pueblo».

Lo dijo así, con esas palabras. Y todos pensaron que lo normal es que se diga: «Quiero que me traigan aquí porque deseo estar enterrado a vuestro lado», o «porque ésta es mi tierra». Pero él, no: lo que este cura quería era «resucitar» junto a los suyos, estar con ellos en la gran alegría del final de los tiempos, porque se veía a sí mismo encabezando a sus parroquianos y dirigiéndose todos juntos al encuentro final con Cristo.

A mí también me ha emocionado esta historia cuando me la han contado, porque verdaderamente hay poca gente –incluso entre los cristianos– que crea en serio en la resurrección de los muertos. A la gente ya le cuesta trabajo creer en la inmortalidad del alma. Le cuesta más creer que todos volveremos a encontrarnos al otro lado de la muerte. Pero lo que le parece el imposible de los imposibles es lo de la «resurrección de la carne».

Por eso hay muchos que simplemente no creen en ello. Hay otros cristianos que se lo semicreen, que dicen: «Bueno, aceptémoslo, puesto que la Iglesia lo dice». Pero hay pocos, muy pocos, que lo tomen y lo vivan en serio y que hagan de ello –como debe ser– el mayor gozo de sus vidas.

Y, sin embargo, nada más radicalmente claro en el dogma cristiano y en las páginas de la Biblia, especialmente en san Pablo. Los primeros cristianos, los propios apóstoles, apenas hablan de la inmortalidad del alma (aunque esto también sea parte de la fe cristiana), pero se volcaban en señalar que lo central de sus predicaciones era la resurrección de la carne, el reencuentro de los hombres completos entre sí y con Cristo.

Todo esto, naturalmente, es un problema de fe y no algo que se demuestre con argumentos científicos. Aún menos es algo que pueda descubrirse con la imaginación. ¿Cómo será? ¿Cómo sucederá? ¿Cómo será esa segunda –esa principalísima– vida? ¿Cómo conviviremos? A todo esto sólo puede responderse con sueños, porque nada de eso sabemos hoy ni sabremos en este mundo. Pero, desde la fe, los creyentes nos atrevemos –fijaos bien que digo «nos atrevemos»– a creer que también esta carne nuestra será salvada y que esa salvación no será un asunto individual, sino una convivencia con los nuestros, mucho más sólida –ya no amenazada por la muerte– que ésta que en el mundo vivimos.

Personalmente os confieso que en mi fe ése es uno de los quicios de todo lo demás. Siempre lo que más me ha costado aceptar es que el cuerpo humano –que también es hijo de Dios y que es nuestro mejor compañero– se corrompa, mientras la «señora alma» entra en la inmortalidad. Me costaría muchísimo creer en una eternidad en la que sólo el alma perdurase, mientras el cuerpo se tiraba a la inexistencia como un vestido usado que ya no sirve. Incluso más de una vez, en esos ratos de «pelea» que todos tenemos con Dios, le he preguntado por qué se corrompe la carne humana con la muerte y no se pudren las piedras, los ríos, el aire. Por qué un diamante ha de durar más que una mano. Por qué el sol envejece menos que nuestro rostro. Por qué duran las catedrales y los cuerpos de los que las hicieron no resisten, tras la muerte, ni el paso de una noche.

Por eso, precisamente, es para mí tan importante el dogma de la resurrección de la carne: un día también mi cuerpo será salvado, será eternizado y con él todo cuanto el hombre amó. Tendrán que cambiar muchas cosas (san Pablo dice que el cuerpo resucitado tendrá cuatro dones: incorruptibilidad, gloria, poder y espiritualidad), pero nuestro hermano cuerpo pervivirá.

Esa es la razón por la que entiendo tan bien al cura de Salamanca, que no quiere sólo «descansar entre los suyos», sino, sobre todo, «resucitar con ellos».

26

SETENTA VECES SIETE

Recientemente, un escalofrío recorrió la piel de todos los españoles cuando leímos la historia de esa pareja de hermanos que, en un pueblecito de Extremadura, se lanzaron un buen día (un mal día) a la calle con dos escopetas y comenzaron a disparar contra todo lo que se movía, dejando muertas a diez personas y a otras tantas gravemente heridas. Alguien ha visto en ello un simple ramalazo de locura y, evidentemente, hay una raíz de locura tras este gesto, pero hay algo más. Y eso es lo más grave de esta historia: que estamos ante el fruto de unos odios entre familias acumulados a lo largo de veinte años, odios que acaban por desembocar en esta enloquecida venganza.

Y es que, desgraciadamente, la venganza parece formar parte del ideario de nuestra generación y es algo que se nos inyecta a diario desde los más variados medios de comunicación. Abre usted el televisor y una de cada dos películas es la historia de una venganza. Y, lo que es peor, presentada siempre como sinónimo de la justicia. Porque resulta que en ellas los vengadores no son «los malos», sino generalmente los «buenos». Tal vez es la historia de un muchacho o una muchacha que no descansa hasta abatir al asesino de su padre. O un grupo de «nuevos vengadores» que se dedican a «hacer justicia», naturalmente a tiros y dejando la pantalla regada de cadáveres.

Y eso no ocurre sólo en los medios de comunicación. En la vida política parece que la venganza es lo que guía, con frecuencia, la mano de los dirigentes, que luchan por sacar trapos sucios en la vida de quien antes encontró otros trapos sucios en su vida. «El que la hace, la paga», decimos como resumen de nuestra filosofía, y confundimos la ley del talión con la verdadera justicia.

Pero lo más desgraciado del asunto es que los mismos que nos escandalizamos ante esos grandes estallidos de venganza que traen consigo muertos, nunca vemos la venganza dentro de nosotros. Conozco a muy pocas personas que se acusen de vengativas. Pero ¿quién no lleva dentro de sí viejos rencores unidos a secretos deseos de revancha? ¿Qué es lo que hace que seamos tan olvidadizos con el bien que nos hacen y, en cambio, esa frase que nos dijo un familiar o un amigo (tal vez en un mal momento de genio) se nos quede clavada dentro por años y años?

Entre nosotros –y nos llamamos cristianos– el perdón no se lleva. Cuando leemos en el Evangelio esa parábola del señor que perdona la deuda de millones de uno de sus criados, mientras que éste no es capaz de perdonar la de unas pocas pesetas que le debe un compañero, pensamos: ¡qué exageración!, ¡en la vida no son así las cosas! Y, sin embargo, es la pura realidad. Tanto que yo tengo miedo de que Dios se tome en serio lo que le rezamos en el Padrenuestro: «Perdónanos, así como nosotros perdonamos». Estaríamos todos perdidos si Dios aplicase esa dialéctica y cumpliera eso que le pedimos. Porque, realmente, quien haya perdonado a quienes le rodean setenta veces siete, como Jesús pedía, que levante la mano.

Tal vez por eso me ha impresionado más la historia que una profesora de EGB acaba de contarme. Tenía entre sus alumnos a una niña de ocho años, Manolita, que estaba siempre extrañamente triste, huidiza, atemorizada. Por lo visto –pronto lo descubrió la profesora– alguien había querido abusar de la pequeña cuando ésta tenía sólo cuatro años, y desde entonces tenía terror ante todo ser humano. Por eso no jugaba en los recreos, andaba siempre sola, rehuía no sólo la amistad, sino hasta la compañía de todas sus compañeras. La profesora, queriendo curarla, pidió a otra niña, Susana, la más lista de la clase, que hiciera un esfuerzo por acercarse a ella, por jugar con ella. Y se sentía alegre la profesora al ver cómo progresivamente los ojos de Manolita iban cambiando y parecían haber huido muchos de sus recelos. Pero la herida era más honda de lo que parecía, y un día Susana encontró en su pupitre un papel de Manolita que decía: «Eres una guarra y una asquerosa. Mi vida es mi vida. Déjame en paz, no quiero tu cochina amistad».

El mundo se hundió para Susana, que tan sinceramente se había acercado a su compañera. ¿Qué debía hacer?, preguntó a la profesora. ¿Dejarla en paz o seguir como si no hubiera recibido ese papel? La profesora prefirió que fuera la misma niña la que, en conciencia, tomara su decisión. Y se limitó a decirle: «Mira, hoy, cuando vayas a misa, pregúntale a Jesús qué es lo que debes hacer».

Y al día siguiente vio que Susana seguía con Manolita sin decirle una sola palabra de las injurias que había recibido. Y por la noche fue a contar el desenlace, con lágrimas de alegría en los ojos, a su profesora: «¿Sabe que Manoli hoy, al despedirnos, se ha acercado a mí, me ha dado un beso y me ha dicho: ¡Qué buena amiga eres!».

Historias de perdón como ésta no son demasiado frecuentes en nuestro mundo. Y, sin embargo, son el verdadero camino de la convivencia. Si los hombres aprendiésemos de Dios a perdonar, si perdonásemos de hecho setenta veces siete a quienes nos ofenden, daría verdadero gusto vivir en una humanidad realmente reconciliada.

LAS CAUSAS DE LA MELANCOLÍA

Leyendo una biografía de san Ignacio encuentro un párrafo que me deja muy pensativo. Ocurre la cosa cerca ya de la muerte del santo, un día en que el médico le aconseja «evitar cualquier cosa que le causase melancolía». Según parece, san Ignacio no respondió al médico, pero, días después, hablando con Gonçalves Cámara, le dijo: «Yo he pensado en qué cosa me podría dar melancolía y no hallé cosa ninguna sino que el papa deshiciera la Compañía del todo. Y, aun con esto, yo pienso que si un cuarto de hora me recogiese en oración, quedaría tan alegre como antes».

Son éstas de san Ignacio dos preguntas que todo ser humano debería plantearse alguna vez: ¿Qué cosa hay en el mundo o en mi vida capaces de crearme una seria melancolía? Y si ésta viniera, ¿con qué medios cuento para combatirla y alejarla?

Supongo que conviene empezar clarificando que melancolía no es un disgusto pasajero, una enfermedad transitoria, un mal rato. La melancolía –el diccionario la describe perfectamente– es una «tristeza vaga, profunda, sosegada y permanente, nacida de causas físicas o morales, que hace que no encuentre el que la padece ni gran gusto ni diversión en ninguna cosa».

Grave cosa, pues, la melancolía, porque –tanto si es fundada como si es sólo imaginaria– quita las ganas de vivir, de luchar y, sin producirnos una verdadera amargura, sí nos roba las alegrías y nos desposee de todas las energías y entusiasmos.

¿Y de dónde puede brotar? De muchas fuentes: de un amor perdido o traicionado, del miedo al futuro, de obsesiones tal vez sin fundamento pero que llegan a poseer el espíritu, del fracaso repetido en nuestros trabajos, del hundimiento de nuestras obras o sueños, de la ausencia o muerte de un ser querido, del miedo a la muerte o al envejecimiento. Como Cervantes decía en dos versos famosos: «Siempre la melancolía / fue de la muerte parienta».

Éstas que he citado son, digamos, las causas serias de la melancolía. Luego están las otras, las frívolas o imaginarias. Porque hay que reconocer que un altísimo porcentaje de melancolías tiene más que ver con los miedos imaginarios que con realidades auténticas.

De estas imaginarias más vale no hablar. ¡Espántelas quien las padezca y no se haga sufrir inútilmente! Pero sí hay que decir que todo hombre (e incluso con más frecuencia los mejores) padece en ciertas circunstancias ese cansancio de la melancolía. Y que la tentación de alargarlas, de refocilarnos en ellas, es más frecuente de lo que creemos.

Y, sin embargo, todo hombre debería ser implacable con ellas una vez que las detecta en su alma. Si las deja que se aposenten en su corazón, perderá buenas porciones de su vida.

¿Y cómo luchar con ellas? Hay un proverbio chino que responde muy bien: «Tú no puedes impedir a los pájaros de la melancolía que vuelen sobre tu cabeza, pero sí que hagan sus nidos en tus cabellos».

Efectivamente: lo más importante ante la melancolía es no dedicarse a acariciarla para que haga nido en nosotros. Y es que esta enfermedad tiene una especie de secreto dulzor en el que es muy fácil recrearse y adormecerse. En cambio, la melancolía acaba siempre yéndose de aquel que la mira de frente, que analiza qué tiene de fundamento (generalmente menos del que parece), que le contrapone lo mucho de positivo que hay en la vida en ese mismo momento, que se la echa a la espalda y comienza a trabajar con más intensidad en otras tareas o caminos.

Claro que el arma mejor fue la que usó san Ignacio: sumergirse un cuarto de hora en una seria oración, ver las cosas a la luz de Dios y descubrir que esos miedos no golpean la base del alma. Y hay demasiadas cosas que hacer en toda vida humana para acurrucarse en la comodidad de las autolamentaciones.

Y, naturalmente, alejarse del egoísmo. Porque casi todas las melancolías dependen de una supervaloración del propio ego. Cuando uno tiene el valor de salir de sí mismo y contemplar los dolores de los demás, pronto descubre qué pequeños son los suyos y qué injusto sería dedicarse a lamer las propias y pequeñas heridas. No vivimos en un mundo apto para mirarnos la barriguita. Sólo cuando situemos en su sitio nuestros dolores en medio de los del mundo conoceremos el tamaño de los nuestros y descubriremos que, a fin de cuentas, hasta para curar nuestros problemas el camino mejor es el de luchar por los de los otros. Porque la melancolía es un sentimiento muy bonito. Pero indigno –si se alarga– de un hombre que quiere serlo entera y fraternalmente.

28

MIEDO AL HIJO

Tengo que confesar que las historias en torno al tema de los anticonceptivos me preocupan, claro, como cristiano y como cura, pero, antes, mucho antes, y más, mucho más, como simple hombre y persona, porque tengo la impresión de que ahí se está jugando una de las batallas fundamentales sobre la misma concepción de lo que es un hombre.

Y es que, se quiera o no, lo que realmente divide en dos a los humanos es esa línea que pasa entre el egoísmo y la generosidad. Hay muchas personas que centran toda su vida en sí mismas, viven para la conquista de su propia y personalísima felicidad y a esto subordinan cuanto hacen, dicen o piensan. Y hay otros seres que entienden su vida como un servicio a otras personas, otras ideas, otros grupos humanos o, simplemente, a su familia. De este doble y dispar planteamiento surgen dos tipos de hombre diferentes, y yo casi me atrevería a decir que surgen como dos razas de seres distintos.

¿Cuál de ellas es más abundante en el mundo? No es posible, claro, hacer estadísticas. Pero, a simple vista, uno se ve forzado a admitir dos cosas: que el número de los egoístas parece más abundante que el de los generosos y, sobre todo, que la cifra de egoístas está creciendo desmesuradamente en un mundo en el que todo –educación, confort, campañas públicas, consumismo– invita a la sublimación más alta del egoísmo. Todo, sin excepción, te invita a ello. Y cuando alguien (el papa, algunos defensores de la mejor ética) te pide que vivas a contrapelo, inmediatamente surgen voces que se cachondean suavemente de él.

Y me sigue pareciendo a mí que la cima más alta de esta exaltación del egoísmo está, precisamente, en todas las campañas a favor de la anticoncepción, que se ha convertido en el símbolo perfecto de la antigenerosidad.

Recuerdo haber leído hace bastante tiempo un texto de la doctora Pérez Jover que me gustaría que fuera meditado palabra a palabra por quienes tienen la gentileza de leerme. Dice así:

«Al negarse en principio a dar la vida se antepone lo personal a una entrega a otro ser humano, en este caso a los posibles hijos, y esa situación de rechazo determina un endurecimiento de los sentimientos, con la consiguiente insensibilización para estos problemas, y ese sentimiento egoísta acaba por dominar a las personas y las hace actuar en perjuicio del otro ser, que es el hijo».

Efectivamente: más allá incluso de la moral, el «negarse en principio a dar la vida» es algo demasiado gordo en un ser humano. Por fortuna, la naturaleza está muy bien hecha y todas las campañas del mundo no han impedido que la mayoría de las madres aspiren a tener hijos y de hecho, si pueden, los tengan. Esas campañas han conseguido, es cierto, que muchas parejas retrasen artificialmente esa venida o que se reduzcan a la cómoda «parejita». Pero lo realmente grave es que también han logrado disociar en muchos el acto de amor y la concepción, creando el pánico, el miedo al hijo, que, al parecer, para ellos, es el gran enemigo de la felicidad de las personas.

Lógicamente, conseguir que el acto de amor sea, a la vez, la cima del egoísmo, es, o debería ser, algo tan contradictorio como un círculo cuadrado o un hielo ardiente. Pero esa contradicción tan deshumanizadora se ha vuelto, de hecho, pan de cada día de la humanidad actual.

Me gustaría que algún gran psicólogo nos explicase qué puede producir en una conciencia la coincidencia habitual de amor y egoísmo. Ciertamente, ese «endurecimiento de sentimientos» de que hablaba la doctora antes citada, un endurecimiento que tiene que acabar por dominar a las personas, convirtiéndolas en rocas de superegoísmo.

De todo esto, naturalmente, nada dicen las propagandas más o menos oficiales. Nos dicen que con la anticoncepción se combaten (y ojalá fuera cierto, que no lo es) no sé cuántas enfermedades. Pero ocultan que con ella se contrae, difunde y propaga la más grande de todas las enfermedades humanas: la que nos corroe el corazón con el egoísmo.

29
NO SOMOS DIOSES

Tal vez no me ha costado nunca tanto trabajo escribir un artículo como éste de hoy: porque sé que, con él, voy a hacer sufrir a algunos de mis lectores y porque sé que yo mismo lo escribo con el dolor de quien, para decir la verdad, necesita tomar el escalpelo y sajar en carne viva. Y es que voy a tratar de la muerte de cada uno de nosotros.

Con muchísima frecuencia recibo cartas de personas conmocionadas por la muerte de un ser querido. Todas están escritas a gritos, a hachazos; «¿por qué?», aúllan. Y son muchas las que no aceptan su condición humana y acaban volviéndose contra Dios, que ha querido, permitido o tolerado tales muertes.

Y yo –que entiendo ese desgarramiento inicial, que descubre lo grande que debe ser el amor que produce tal dolor al romperse– tengo que volver a repetir algo que me parece obvio: quien no empieza por reconocer y aceptar que él y sus seres queridos son mortales, y que esto no es ninguna injusticia, sino parte del juego de ser hombres, sufrirá más de lo justo y, tal vez, malgastará lo mejor de su vida.

Mirad, yo he pensado millares de veces en lo que debió de sentir Cristo al darse cuenta de que también para Él se acercaba la muerte y lo que debió de sufrir María cuando le tuvo muerto entre sus brazos. Dios es inmortal, pero si Cristo tenía que ser hombre en plenitud, «tuvo» que aceptar la propia muerte (real, no en apariencias) como parte de su destino. Y a María, como mujer y madre que era, tuvo también que llenársele de preguntas la cabeza, queriendo saber por qué su Padre no había salvado a su Hijo de la muerte (¡y qué muerte!).

He pensado tanto en esto, que este verano comencé un proyecto de libro, que se titulará *Diálogos de pasión*, y en el que –imaginariamente– hago hablar a Cristo con sus más íntimos sobre el porqué de su muerte, el sentido de su vida, lo que va a ser y será después de resucitado.

Y en el primero de esos diálogos, poéticos e imaginarios, Jesús habla con María precisamente en el día en que ha tomado conciencia de que la muerte no es una teoría, sino que está ahí, que se acerca a Él a pasos agigantados. La Madre percibe que algo ha pasado en Jesús y le pregunta qué ocurre. Él responde:

*Ocurre que he sentido
un ala negra golpeando mi rostro,
un látigo de hielo, una caliente
bofetada amarga de ceniza.
Era... cual, si de pronto
faltara un escalón en la escalera
y te quedaras colgando,
sin acabar de caer ni sostenerte,
mientras un buitre negro te picotea el alma.
¿Estaba, Madre, en la antesala de la muerte?*

A lo que María responde:

*Hace ya muchos años, hijo,
que yo conozco ese desierto.
Ser hombre es presentirlo.
Y ser mujer sentirlo doblemente.
Cuando engendras un hijo
te crees, por un momento, fabricante de vida,
pero los mismos alaridos del parto
te dicen que es muerte lo que engendras,
que das a luz lo fugitivo,*

> *y que te salen del vientre*
> *trozos de vida y muerte barajados.*
> *Todas las madres saben que dan*
> *a luz aprendices de muerto.*

Esta última frase de María ha rondado miles de veces mi corazón: todos los hombres somos aprendices de muerto. Dios, teóricamente, hubiera podido fabricar seres inmortales (y lo hizo cuando con su gracia concedió a Adán y Eva la inmortalidad), pero sabiendo que, sin esa gracia de sostén, la naturaleza del hombre es mortal. Y fue el hombre quien, por el pecado, perdió aquella gracia especialísima. Gracia que volverá a darnos al resucitar; pero, en el camino, nos ha dejado en nuestra condición normal, para que vivamos hasta el fondo (como vivió su Hijo) la condición mortal humana.

Si no aceptamos esto humildemente nos romperemos la cabeza contra el misterio. Incluso perderemos los años de nuestra vida mortal soñando que somos dioses y eternos en este mundo.

La inmortalidad –dice la fe– vendrá, pero no ahora, sino cuando nos incorporemos plenamente a la resurrección de su Hijo. Porque Él vendrá con gozo. ¿No han pensado ustedes que en el evangelio siempre se pinta la vida eterna como un banquete gozoso? Y que, cuando se nos invita a estar preparados y esperando, se nos dice que esperemos como la novia espera al novio y no como el niño miedoso espera al coco. El novio, sí, vendrá. ¿Por qué? Porque nos ama. ¿Y para qué? Para casarse con nosotros y para hacernos felices. Entonces, sí, seremos aún hombres, pero estaremos ya divinizados. Y la muerte nada podrá contra nosotros y nuestros seres queridos.

30
EL CENTINELA

Estos días pasados de la Navidad, cada vez que uno hablaba con cualquier amigo y comentaban cómo ha sido barrido Cristo de la Navidad visible (cómo en los escaparates de los comercios no ves un nacimiento ni por equivocación, sino todo tipo de osos, osas, ositos, gnomos, ciervos y demás habitantes de los bosques; cómo en la tele ya es prácticamente imposible oír un villancico; cómo la gente te dice «felices fiestas», porque les da como corte decir «feliz Navidad», y etcétera), yo siempre terminaba pensando dos cosas: una era el recuerdo de una vieja fábula y la otra un versículo del Evangelio de san Lucas, que es la frase más terrible que yo haya oído jamás.

La fábula es la siguiente:

Érase que se era un viejo pequeño pueblecito, presidido por un castillo aún más viejo, que estaban situados en la frontera de un país lejano, al lado de un gran desierto. Tanto el pueblo como el castillo eran muy aburridos, porque raramente pasaba alguien cerca de ellos. Alguna vez se detenían a pernoctar extrañas caravanas o caminantes solitarios, pero, en cuanto se alimentaban y descansaban, volvían a irse, dejando a los habitantes del pueblecito y del castillo con su diario aburrimiento.

Y así hasta que un día llegó un mensaje del rey de la nación informando de que, en la corte, se habían recibido noticias de que Dios en persona iba a venir a su país, si bien aún no se sabía qué ciudades y zonas visitaría. Pero era probable o, al menos, posible que pasara por nuestro pueblecito. Por lo cual, por si acaso, el pueblo y el castillo debían prepararse para recibirle tal y como Dios se merecía.

Esto trastornó de entusiasmo a las autoridades, que mandaron reparar las calles, limpiar las fachadas, construir arcos triunfales, llenar de colgaduras los balcones. Y, sobre todo, nombraron centinela al más noble habitante de la aldea. Este centinela tendría la obligación de irse a vivir a la torre más alta del castillo y desde allí avizorar constantemente el horizonte, para dar lo antes posible la noticia de la llegada de Dios.

El centinela recibió el encargo con orgullo: jamás en su vida había hecho algo tan importante. Y se dispuso a permanecer firme en la torre con los ojos abiertos como platos. «¿Cómo será Dios?», se preguntaba a sí mismo. «¿Y cómo vendrá? ¿Tal vez con un gran ejército? ¿Quizá con una corte de carros majestuosos?». En este caso, se decía, será fácil adivinar su llegada cuando aún esté lejos.

Y durante las veinticuatro horas del día y de la noche no pensaba en otra cosa y permanecía en pie y con los ojos abiertos. Pero, cuando hubieron pasado así algunos días y noches, el sueño comenzó a rendirle y pensó que tampoco pasaría nada si daba unas cabezadas, ya que Dios vendría precedido por sones de trompetas, que, en todo caso, le despertarían.

Y pasaron no sólo los días, sino también las semanas, y la gente del pequeño pueblo regresó a su vida de cada día y comenzó a olvidarse de la venida de Dios. Y hasta el propio centinela dormía ya tranquilo las noches enteras y él mismo se dedicaba a pensar en otras cosas, porque ya no era capaz de concentrarse sólo en aquella espera.

Y pasaron no sólo las semanas, sino también los meses e incluso los años y ya nadie en el pueblo se acordaba de aquel anuncio para nada. Incluso un año de gran hambre, la población fue desfilando, uno tras otro, hacia tierras más prósperas. Y se quedó solo el centinela, aún subido en su torre, esperando, aunque ya con una muy débil esperanza. Y pasaban ejércitos y caravanas que, por unos momentos, encendían sus sueños, pero ninguno era el ejército o la caravana del Dios anunciado.

Y el centinela comenzó a pensar: «¿Para qué va a venir Dios? Si este pueblo nunca tuvo interés alguno, y ahora, vacío, mucho menos. Y si viniera al país, ¿por qué iba a detenerse precisamente en este castillo tan insignificante?». Pero, como a él le habían dado esa orden y como esa orden le había levantado la esperanza, su decisión de permanecer era más fuerte que sus dudas.

Hasta que un día se dio cuenta de que, con el paso de los días y los años, se había vuelto viejo y sus piernas se resistían a subir la escalera de la torre. Sintió que sus ojos se iban cerrando, que ya apenas veía y que la muerte estaba acercándose. Y no pudo evitar que de su garganta saliera una especie de grito: «Me he pasado toda la vida esperando la visita de Dios y me voy a morir sin verle».

Y entonces, justamente en ese momento, oyó una voz muy tierna a sus espaldas. Una voz que decía: «Pero ¿es que no me conoces?». Entonces el centinela, aunque no veía a nadie, estalló de alegría y dijo: «¡Oh, ya estás aquí! ¿Por qué me has hecho esperar tanto? Y ¿por dónde has venido que yo no te he visto?». Y, aún con mayor dulzura, la voz respondió: «Siempre he estado cerca de ti, a tu lado, más aún: dentro de ti. Has necesitado muchos años para darte cuenta. Pero ahora ya lo sabes. Éste es mi secreto: yo estoy siempre con los que me esperan y sólo los que me esperan pueden verme».

Y entonces el alma del centinela se llenó de alegría. Y viejo y casi muerto, como estaba, volvió a abrir los ojos y se quedó mirando, amorosamente, al horizonte.

Esta es la fábula de la que hablé al principio. Y el texto que san Lucas escribió en el capítulo 18, versículo 8 de su evangelio, y que tanto me ha hecho temblar al ver la paganización de las Navidades, es éste: «Pero, cuando venga el Hijo del hombre, ¿encontrará fe en la tierra?». Porque podría suceder que, cuando vuelva, no haya nadie en la torre.

31

LA CULMINACIÓN DEL ABURRIMIENTO

No he seguido yo durante las pasadas semanas un congreso de filósofos jóvenes que, por lo visto, se ha celebrado en Málaga bajo el lema «Escepticismo frente a la trascendencia». Pero un buen amigo, que escuchó en Radio Nacional una emisión sobre este congreso, me cuenta, más divertido que otra cosa, la definición que el presidente del mismo dio sobre la vida eterna: «Eso es la culminación del aburrimiento».

A mí también me divierte esta «parida», ya que en ella ocurre lo que suele pasarles a los amigos de hacer definiciones: que en sus frases dicen poquito sobre la cosa definida, pero muchísimo sobre el que hace la definición.

Este buen señor que empieza diciendo que no cree en nada (y que, sin embargo, hace definiciones de algo en lo que no cree) lo que nos dice sobre todo es que él vive aburridísimo, puesto que tanto teme a esa vida eterna, que podría alargar indefinidamente el vacío que ahora «le llena». Por lo que se ve, a este filósofo no le entusiasman sus filosofías, no le da placer el hecho de pensar, no siente el gozo de tener la cabeza llena de ideas. Y se aburre. Y hay que ver lo aburrida que es la vida cuando uno se aburre a fondo.

Lógico que le tenga pánico a una vida eterna que pudiera durarle por los siglos de los siglos.

Porque en lo que sí acierta este filósofo es en la idea de que la vida eterna será la culminación, la consumación de lo que es ahora nuestra pequeña vida temporal y que lo que, en definitiva, haremos en el cielo o en el no-cielo será lo que ahora estamos haciendo, pensando y viviendo. Dios no cambia a los hombres con una varita mágica para que sean diferentes de como fueron. Al contrario, se limitará a perennizar lo que aquí hayamos sido, sólo que multiplicándolo todo por el gozo de vivir con Él y ver su rostro adorable.

Y así los hombres estarán arriba como estuvieron aquí de divertidos o aburridos. Y cada uno amará con el tamaño del corazón que tuviera. En eso estará la diferencia entre los bienaventurados: todos serán plenamente felices, pero cada uno lo será con el alma del tamaño que tenga; alguien que amó mucho aquí, que estiró mucho su corazón, tendrá una plenitud más grande que el que se limitó a mantener el corazoncete tal y como se lo dieron.

Por eso pintamos siempre como superfelices a los santos de la corte celestial: fueron gente con mucha alma y ahora tendrán, en el cielo, grandes capacidades para amar y, por tanto, para ser felices.

Y éste será el problema del demonio y los suyos. Si Satanás es, por definición, el que no sabe amar, ¿qué tendría que hacer en el cielo? Estará allí, en ese sitio en el que las verdaderas llamas consisten en no amar a nada ni a nadie. Lo mismo les ocurrirá a los suyos: cada uno tendrá aquello para lo que preparó su alma. Con que imagínense ustedes lo que será la culminación del aburrimiento de nuestro aburrido presidente de los filósofos malagueños.

Y los que aprendieron a amar, ¿qué amarán? Todo, porque el amor es indivisible. Empezarán por amar a Dios, claro, y eso ya sería suficiente «entretenimiento» para siete eternidades, porque Dios tiene cuerda para rato. Se acabará la eternidad (bueno, es un decir) y aún no habremos empezado a gozar de sus dones y gozos.

Luego se amará todo lo demás: la belleza de los paisajes, de las músicas, de las artes (yo estoy seguro de que san Juan de la Cruz habrá escrito en el cielo otros tres o cuatro *Cánticos espirituales*), de todo cuanto de positivo hizo la Humanidad a lo largo de todos sus siglos.

Pero, claro, ante todo amaremos a los hombres, empezando por nuestros seres queridos. Y aquí sí que se aplicará el baremo de que cada uno encontrará en la gente que le rodea lo mismo que encuentra en la actualidad en este mundo: aquellos que encontraron insoportables a todos sus amigos y parientes, tendrán que recibir un suplemento de amor en el purgatorio, porque, si no, serían muy capaces de encontrar insoportables a los santos del cielo.

En cambio, aquellos que valoraban a todos los que les rodeaban (a los compañeros de oficina, a los médicos y a las enfermeras en los hospitales, a los curas en las parroquias y así siguiendo) encontrarán el cielo facilísimo.

Y todo amor se salvará. No habrá amores perdidos. Más bien serán todos multiplicados. Porque supongo que no hace falta aclarar que, cuando Jesús dijo aquello de que en el cielo ni se casarán ni se descasarán, no quiso decir que arriba no habría lazos de amor. Simplemente ironizó un poco sobre los que toman las cosas demasiado a la letra. Pero ¿cómo iba a rebajar Él lo más grande de la felicidad, que es el amor eterno a los seres queridos?

Bueno, esta semana voy a rezar un poco por ese filósofo malagueño: para que se alivie, para que le encuentre un poco de saborcillo a la vida, que en Málaga hay mucho. Porque es que si el pobre se nos muere tan aburrido como está, la eternidad se le va a hacer pero que muy larga.

32

REGALOS DE CUMPLEAÑOS

Esta señora que me escribe desde una ciudad del País Vasco se presenta a sí misma como «experta en soledades», y me explica que ella entiende muy bien ese vacío del que yo hablaba: el que se produce en un alma cuando alguno de los seres queridos se nos va para siempre. A ella se le marchó, con sólo doce años y hace ya mucho, su único hermano. Se le fueron después, uno tras otro y casi seguidos, sus padres y algunos familiares más, y se ha quedado como un chopo que formó parte de un bosque y en el que han sido talados todos los árboles que un día le acompañaban. Ahora –aunque ya se han cerrado con los años esas heridas– entiendo muy bien «el desconcierto y la angustia» de la gente que pasa por esa prueba.

Pero aunque las suyas personales ya se han cicatrizado, las heridas, me cuenta, vuelven a reabrírsele en cada cumpleaños. Tras la muerte de los suyos, esas fechas le resultaban doblemente dolorosas, y en ellas no podía evitar el pararse ante los escaparates de las tiendas de regalos y quedarse pensando qué les habría regalado si ellos siguieran vivos. Perfumes, trajes, objetos, juguetes, todo parece tirar de ella e invitarle a comprarles para ese regalo que ya nunca llegará a quienes hoy cumplirían los años que jamás cumplirán. Era una herida más.

Hasta que un año, y ante uno de esos escaparates, sintió una voz (que ella atribuye a su ángel de la guarda) que le decía: «Pero ¿ése es el modo que tú tienes de agradecer a Dios los padres y el hermano que disfrutaste durante tantos años? Un vacío, una tristeza, ¿eso es lo único que puedes regalarles ahora? ¿Y si, en lugar de encerrarte en un recuerdo masoquista, se lo agradecieras ocupándote de alegrar a otros padres y otros hermanos que viven a tu lado, con lo que, además de cumplir tu obligación como cristiana, darías una verdadera alegría de cumpleaños a los que te esperan arriba?».

Dicho y hecho. Desde aquel día esta señora celebra gozosamente los cumpleaños de los muertos y puede ver ya esos escaparates sin que se le rasgue el alma. ¿Que el cinco de enero sería el cumpleaños del hermano que murió de muchacho? Pues le voy a regalar esa bici, convertida en dinero, entregándolo en metálico para la Santa Infancia. ¿Que el tres de febrero celebra su cumpleaños mi madre? Pues voy a regalarle ese abrigo de piel en un donativo para la Campaña contra el Hambre, que se celebra por estos días. Y lo voy a entregar de parte de mi mamá. ¿Que hoy es el día del Pilar, cumpleaños de mi padre? Pues hoy lo celebraríamos yéndonos todos a un restaurante. Bueno, pues mandaré el importe al asilo de ancianos, para que les den hoy un postre más.

«Y usted sabe —me dice esta señora— qué felices se me han vuelto esos cumpleaños desde que hago esto. Me ha dado una paz y una alegría que no tiene nombre, pues me parece que los 'míos' siguen más vivos ahora, a través de los otros. Además, eso me ha descubierto y como vacunado contra la tentación del '¡pobre de mí!' o del '¿por qué, Dios mío?'. Y es que, pienso yo, cuando Dios ha permitido que sigamos aquí, no será para hacer el jeremías, cuando hay tanto que hacer en el mundo».

Me he limitado, hasta aquí, a resumir la carta de una buena mujer, sencilla y cristiana. Una mujer cuya vida estalla de alegría, aunque al final, y como pudorosamente, me confiese que también conoce muy bien el dolor de esa cruz llamada cáncer y que, desde haces seis años, «le ha dado por hacer el pelma y está un día sí y otro no con radiaciones y todos esos líos».

¿Y de dónde demonios le viene entonces la alegría? Ella dice que de la fe que heredó de su madre y del espíritu de trabajo que heredó de su padre. Pero yo creo que le viene, sobre todo, del hecho de que ha convertido su vida en un don. Esta señora no hace regalos, se ha convertido ella misma en un regalo.

Cosa facilísima de encontrar hoy, que tanto hemos multiplicado y profanado los regalos. A mí me aterran esas famosas «listas», que antes se hacían sólo para las bodas y ahora se ven en las primeras comuniones y hasta en los nacimientos. ¡Un regalo convertido en devolución del coste del menú de un banquete: qué profanación! Si lo sustancial del regalo es su espontaneidad, su libertad. Si en un buen regalo cuenta más el ingenio que el dinero. Si en el acto de regalar cuenta mucho más el amor que la practicidad de lo ofrecido.

Recuerdo cuánto me emocionó leer en un pequeño libro de Gollwitzer que «la Navidad es el gran regalo de Dios a los hombres» y que, por eso, «los regalos del día de Reyes tienen algo de sagrado», ya que son como la imitación que los hombres hacemos de Dios.

Sí, me gusta la definición de Dios como regalo: porque es un don, porque es amor, porque no sirve para nada… práctico (salvo para salvarnos). Sí, tal vez la Navidad sea como el cumpleaños de la Humanidad, y en ese día Dios va de escaparates y nos pone lo mejor que encuentra, su Hijo, en nuestros pobres y gastados zapatos.

33

ESTO DE SER HOMBRE

Cada año, cuando llega la Navidad, no puedo menos de volver a preguntarme cómo es posible que los hombres –y, sobre todo, los creyentes– hayamos vaciado tanto de sentido esto que decimos celebrar. Cómo la Navidad se nos ha quedado en una serie de fiestas o comilonas, y cómo, incluso los que dicen creer, no tienen ni idea de aquello en lo que creen y lo dejan todo en una alegría barata de panderetas y buenos sentimientos.

Para mí, la Navidad siempre ha sido vértigo, y pienso que una persona cualquiera tiene todo el derecho del mundo a creer o dejar de creer que Dios se ha hecho hombre, pero a lo que nadie tiene derecho es a creer eso sin echarse a temblar, a decir esa frase –«Dios se hizo hombre»– y pronunciarla como quien acaba de decir que «dos y dos son cuatro» o que «en invierno hace frío».

Porque si se cree en esa transmutación, a uno se le rompen todos los esquemas, se desbarajusta toda nuestra lógica, se descoyuntan todos los conceptos que tenemos. Porque, de pronto, si Dios puede hacerse hombre, es que son mentirosas todas las ideas que solemos tener sobre Dios y estamos muy equivocados sobre lo que realmente es ser hombre.

Navidad nos trae un Dios distinto y un hombre distinto. Lo primero lo resumió muy bien von Balthasar en muy pocas líneas: «Al servir y lavar los pies a su criatura, Dios se revela en lo más propio de su divinidad y da a conocer lo más hondo de su gloria».

Exacto: en Navidad descubrimos que Dios, mucho antes que «el poder absoluto», es el «absoluto amor». En Navidad muere, en cierto modo, el Dios de los filósofos y aparece el Dios todo-enamorado y, por tanto, todo-débil, todo-entregado en manos de su hijo, el hombre. Navidad nos muestra que la verdadera grandeza de Dios no está en haber creado el mundo, sino en su disponibilidad para renunciar a su grandeza por amor. Ése es el milagro de los milagros.

Los antiguos Padres de la Iglesia entendieron esto mucho mejor que nosotros. Dejadme hacer una sola cita entre mil posibles. Aquella en la que san Gregorio de Nisa afirma que «prueba mucho más patente de su poder que la magnitud de sus milagros es el que la naturaleza omnipotente fuera capaz de descender hasta la bajura del hombre. El descenso de Dios es lo que verdaderamente muestra su poder. La altura brilla en la bajura, sin que, por ello, quede la altura rebajada».

Éste es el «nuevo», el «verdadero» Dios que la Navidad nos muestra: el Dios «rico en misericordia», el Dios «loco de amor».

Pero si la Navidad cambia el concepto que tenemos de Dios, mucho más transformará la visión que tenemos de lo que sea «esto de ser hombre». Cuando uno contempla ese orgullo que tenemos la mayoría de los contemporáneos, que empiezan por poner a la Humanidad por encima de Dios, uno se asombra, porque realmente no ha sido ése el pensamiento de los verdaderamente grandes entre los hombres. Tal vez nadie ha sido tan cruel con la condición humana como los mejores de esa misma raza. ¡Qué definiciones de la Humanidad encuentra uno en las páginas de la literatura o de la filosofía a lo largo de los siglos! Permitidme que acumule unas cuantas:

–Para Homero «no hay cosa, de cuantas respiran y andan sobre la tierra, más lamentable que el hombre».

–Para Séneca, «el hombre es algo abyecto y vil, a menos que logre elevarse por encima de la Humanidad».

–Plinio el Viejo asegura que «entre los animales que natura creó, sólo el hombre llora, sólo él es ambicioso, sólo él es soberbio, sólo él es supersticioso y sólo él desea vivir mucho tiempo y hacer la sepultura en que ha de enterrarse».

–Uno de nuestros clásicos castellanos, Mateo Alemán, afirma que «el mejor hombre, cuando bueno, es un poco de polvo. Escojan qué polvo quieren ser, si de tierra o de ceniza, porque no hay otro».

–Y, finalmente, por citar un semicontemporáneo, Ganivet ironizaba que «un hombre, por mucho que valga, vale menos que el volumen del aire que desaloja».

Es difícil encontrar algo más negro que estas frases con las que los hombres se definen a sí mismos. ¿Y «eso» es lo que se ha hecho Dios?

La Navidad prueba que esas definiciones son o falsas o incompletas. Y tiene razón Ortega cuando afirma que «si Dios se ha hecho hombre, es que ser hombre es lo más importante que se puede ser». Efectivamente: puede que el alma del hombre no valga mucho más que el aire que su cuerpo desaloja; pero, en todo caso, es un alma «capaz de Dios». Y un recipiente se valora por aquello de lo que es capaz, aquello que puede caberle dentro.

Y la Navidad grita que al hombre le cabe dentro nada menos que Dios y con ello estira nuestro corazón hasta el infinito. Y ahí está el verdadero –y único– motivo de nuestro orgullo: en Belén hubo un «crecimiento del ser», un estiramiento de la condición humana que ya no dejará de crecer hasta el final de los tiempos.

En realidad, «todos nacimos en Belén», lo mejor de nosotros mismos nació en Belén. Desde ese día, no es sólo que Dios esté con nosotros, es que está «en» nosotros, es que «es» nosotros. ¿Cómo, entonces, reducir la historia de la Navidad a un asunto de panderetas y turrones?

34

EL CHUPETE

Cuando estos días veo la famosa campañita de los preservativos no puedo menos de acordarme del viejo chupete, que fue la panacea universal de nuestra infancia. ¿Que el niño tenía hambre porque su madre se había retrasado o despistado? Pues ahí estaba el chupete salvador para engatusar al pequeño. ¿Que el niño tenía mojado el culete? Pues chupete al canto. No se resolvían los problemas, pero al menos por unos minutos se tranquilizaba al pequeño.

Era la educación evita-riesgo. Porque no se trataba, claro, sólo del chupete. Era un modo cómodo de entender la tarea educativa. Su meta no era formar hombres, sino tratar de retrasar o evitar los problemas.

Yo he confesado muchas veces que, en conjunto, estoy bastante contento de la educación que me dieron mis padres y profesores. Pero en este punto, no, no puedo estar satisfecho. Para ellos lo más importante era que los niños o los adolescentes que nosotros éramos no sufriéramos o sufriéramos lo mínimo indispensable. Pensaban: «Bastante dura es la vida. Ya se encontrarán con el dolor. Pero que sea, al menos, lo más tarde posible». Y así nos educaban en un frigorífico, bastante fuera de la realidad. Con lo que hicieron doblemente dura nuestra juventud o nuestra primera hombría, obligándonos a resolver, entonces, lo que debió quedar iluminado o resuelto en las curvas de nuestra adolescencia.

Ocultar el dolor puede ser una salida cómoda para el educador y también para el educando, pero, a la larga, siempre es una salida negativa. Los tubos de escape no son educación.

Y eso me parece que estamos haciendo ahora con la educación sexual de los jóvenes. Después de muchos años de hablar del déficit educativo en ese campo, salimos ahora diciendo la verdad: que la única educación del sexo que se nos ocurre es evitar las consecuencias de su uso desordenado.

Si fuéramos verdaderamente sinceros, en estos días presentaríamos así la campaña de los anticonceptivos: saldría a pantalla el ministro o la ministra del ramo y diría:

«Queridos jóvenes: como estamos convencidos de que todos vosotros sois unos cobardes, incapaces de controlar vuestro propio cuerpo; como, además, estamos convencidos de que ni nosotros ni todos los educadores juntos seremos capaces de formaros en este terreno, hemos pensado que ya que no se nos ocurre nada positivo que hacer en ese campo, lo que sí podemos es daros un tubo de escape para que podáis usar vuestro cuerpo, ya que no con dignidad, al menos sin demasiados riesgos».

Efectivamente: no hay mayor confesión de fracaso de la educación que esta campañita de darles nuevos chupetes a los jóvenes.

¿Se han fijado ustedes en que todos los grandes almacenes –sin excepción– colocan junto a los cajeros de salida toda clase de dulces, chicles, chupachups, piruletas y demás gollerías? Los comerciantes son muy listos. Saben que cuando la mamá cree que ha terminado sus compras, volverá a picar en el último minuto si es que va acompañada por un niño. Porque ¿qué chiquillo no se encaprichará con alguna de esas golosinas mientras se produce el parón inevitable de la mamá en vaciar su carro y pagar lo comprado? ¿Y qué mamá se resistirá en ese momento, cuando sabe que si se niega tendrá el berrinche del niño ante la mirada de la cajera? Como sabe que, al final, acabará comprándolo, prefiere caer en ello desde el principio. Es más cómodo y sencillo añadir diez duros más a la cuenta que intentar formar la voluntad del pequeño. ¿Y qué futuro aguarda a esos niños o a esos jóvenes educados en no tener voluntad, en no carecer de nada, sabiendo que conseguirán todo con cuatro llantos y una pataleta?

Claro que lo sexual es algo bastante más importante que unos caramelos más o menos. Pero ahí la postura de la sociedad moderna es igualmente concesiva. Una educación sexual –creo yo– tendrá que empezar por despertar en el adolescente y en el joven cuatro gigantescos valores: la estima de su propio cuerpo; la estima del cuerpo de quien será su compañero o compañera; la valoración de la importancia que el acto sexual tiene en la relación amorosa de los humanos; el aprecio del fruto que de ese acto sexual ha de salir: el hijo. Pero ¿qué pensar de una educación sexual que, olvidando todo esto, empieza y termina (repito: empieza y termina) dando salidas para evitar los riesgos, devaluando con ello esos cuatro valores?

No sé, pero me parece a mí que algo muy serio se juega en este campo. Pero ¡pobres los curas o los obispos si se atreven a recordar algo tan elemental! Les tacharán de cavernícolas, de pertenecer al siglo XIX. Y el mundo seguirá rodando, rodando. ¿Hacia qué?

35
LOS SUEÑOS Y LOS ESTUDIOS

Recibo con frecuencia cartas –larguísimas– de muchachos o muchachas que me cuentan sus vidas, sus proyectos, sus esperanzas, que piden una oración o un consejo. Y muchas de ellas coinciden en una especie de esquema común que, por lo que se ve, debe de ser bastante corriente entre la juventud de hoy. Son –les llamo yo– «los soñadores irreales».

Está, por ejemplo, esta muchacha de veintipocos años que, desde hace cinco, acaricia un sueño: irse a trabajar en alguna escuela, en algún hospital, en algún centro de promoción a Iberoamérica. O a África. O adonde sea. ¿Y por qué no realiza su sueño? Primero, no sabía cómo podía hacerse eso. Luego conoció a una amiga que le contó la apasionante historia que ella había vivido en Bolivia o no sé dónde. Y le dio la dirección a la que tenía que dirigirse. Pero nuestra buena amiga continuó indecisa, porque en realidad quería y no quería. Esperaba, como ella me dice, «que alguien pasara por su lado, la llamara por su nombre, le resolviera todos los problemas materiales y le dijera: Vente conmigo».

Pero, de pronto, la carta de esta muchacha gira. Y lo que ahora me cuenta es que es un desastre en sus estudios. Fue, en sus años de COU y BUP, una muchacha normal que aprobaba sin mayores dificultades sus cursos. Alguna vez le quedaba colgando alguna asignatura, pero rápidamente se recuperaba y todo seguía bien. Pero ahora, desde que empezó su carrera, las cosas han ido cada vez peor. Suspende y suspende y se siente incapaz de seguir adelante. Para colmo, se ha metido en la tela de araña de las mentiras: en su casa dice que está estudiando tercero pero en realidad le queda sin aprobar buena parte de primero. Esta mentira la deja también fuera de juego con sus amigas, pues cuando éstas se ponen a hablar de estudios, ella no sabe qué decir, huye de la conversación. Y acaba huyendo también de sus amigas. Y –dice– «no sé qué me pasa. Estoy totalmente apática. Cada vez retengo menos las cosas, me siento insegura, en falta. Y me pregunto si algún día llegaré a trabajar en lo que realmente me gusta. Me falta la fuerza, la voluntad. Me gusta aprender cosas, pero no estudiarlas. Y lo peor es que me he acostumbrado a esta situación y ya no sé cómo hay que hacer para salir de ella».

Estamos ante el caso típico de la soñadora que padece las dos enfermedades más comunes en la juventud: la falta de coraje en la preparación y la indecisión ante la acción, y que, además, ignora que estas dolencias sólo puede curárselas un médico: ella misma.

La primera enfermedad consiste en olvidar que no hay persona donde no hay esfuerzo. Cuando los hombres nacemos no nos dan un alma construida, nos dan los materiales para edificarla. Nadie nace sabio o genio. Nadie sabe lo que no ha acumulado. Y sólo con muchos años de pelea en serio puede uno acercarse a algo que se parezca a la dignidad. Quien es incapaz en sus estudios, ¿cómo podrá realizar algo decente el día de mañana? Pueden darse casos, es cierto, de personas que, porque se equivocaron al elegir su carrera, fracasan provisionalmente y triunfan luego, cuando encuentran la adaptada a ellos. Pero quien, sin más, se entrega en brazos de ese desencanto, nunca llegará a nada.

La otra enfermedad –y ésta no sólo la padecen los jóvenes, sino una gran parte de nuestros contemporáneos– es la permanente indecisión entre varias tareas. A éstos, buena parte de la vida se les escapa en pensar lo que van a hacer o en esperar que se lo den hecho.

Recuerdo ahora aquel consejo que Vinoba daba a sus seguidores cuando le insistían y le volvían a insistir en que les aclarase lo que debían hacer: «Tengo demasiada prisa para pensar dos veces en esto. No pierda usted el tiempo en pensar si es o no difícil: haga». Y es que Vinoba, como comentaba uno de sus alumnos, «sabía liberar a la gente del peor de los males, que es oscilar entre propósitos opuestos. Sabía hacerles cumplir la más difícil de las tareas, que es la de empezar cualquier cosa en seguida».

Y ya he dicho que estas dos enfermedades sólo puede curarlas el mismo que las padece. Porque aquí no hay voluntades sustitutorias. Los demás pueden darnos un consejo, una opinión. Pero ni los consejos ni las opiniones construyen lo que es tarea de la propia voluntad.

Por eso yo le diría a mi amiga que lo que tiene que hacer para salir de su apatía es, simplemente, salir de ella. Dejarse de hacer y de hacerse preguntas y actuar. Trabajar. Estudiar. No permitirse a sí misma el vagabundeo de los sueños. Coger el timón de su propia vida y empezar a remar. Probablemente le ayudase mucho el salir de la telaraña de mentiras teniendo el coraje de decir la verdad a los suyos. Pasar un mal rato, y tal vez hacérselo pasar un día a los suyos, siempre será mejor que el que se enteren por fuera y se sientan, además de defraudados, traicionados. Y luego trabajar. Ahora construyéndose un alma digna de hacer algo mañana. E ir tomando decisiones sin ambigüedad, sabiendo lo que se quiere y adónde se va.

Pero no esperar varitas mágicas ni milagros. Que no vendrán.

36

LA ESPELEOLOGÍA DEL ALMA

En estos días en que comienza a celebrarse el quinto centenario del nacimiento de Ignacio de Loyola me he decidido a leer la estupenda biografía que sobre él publicó otro vasco: José Ignacio Tellechea. Y me he detenido especialmente en los días de la conversión de Ignacio, los días en que practicó eso que Tellechea llama «la espeleología del espíritu», ese «deporte» que tanto necesitamos y tan poco practicamos todos.

La verdad es que, de todos los viajes que un hombre tiene obligación de hacer, el más importante es, sin duda, el que nos conduce al interior de nuestro corazón. Un viaje a la vez corto y larguísimo, fácil y dificilísimo, cómodo y arriscado. Porque pocas simas más profundas y oscuras que las de nuestra propia alma.

Por eso la mayoría de los humanos prefiere simplemente vivir, resbalarse por la vida, antes que atreverse a descubrir quiénes somos verdaderamente. Porque, ¡cuántos chascos nos llevaríamos si nos atreviésemos a descender a nuestro interior con una linterna y un espejo!

El primer chasco que Ignacio se llevó cuando una bala de cañón quebró sus piernas y le obligó a permanecer muchas semanas inmóvil, es que llevaba treinta años en los que no había hecho otra cosa más que huir de sí mismo. Huir, eso que, según su visión caballeresca de la vida, era la mayor de las infamias. Y, sin embargo, no había hecho otra cosa en sus años mozos: olvidarse de lo mejor de su alma, vivir dedicado a valores que ahora le parecían humo, arrastrar una existencia vacía, tener anquilosada y dormida la fe. Sólo ahora lo entendió. Había sido realmente, como muchos siglos antes que él dijera san Agustín, un empecinado «fugitivo de su propio corazón».

Y ¿quién de nosotros no tendría que decir de sí mismo otro tanto, lo mismo en lo humano que en lo divino? Si alguien ahora pesara y midiera nuestras vidas –tantas docenas de años, tantos centenares de meses, millares de semanas y decenas de millares de días–, ¿cuántos de ellos considerarían vivos y cuántos otros simple hojarasca, tiempo mal gastado y perdido? Muchos de nosotros –seamos sinceros– tal vez hemos llegado a los treinta, a los cincuenta años, sin aclararnos siquiera quiénes somos, adónde vamos. Y si tuviéramos claras esas respuestas, ¿cuántas de nuestras horas habrían sido coherentes con esa dirección?

Ignacio, por fortuna para él, se dio cuenta a los treinta años de que hasta entonces no había vivido, y con ese coraje que era tan propio suyo, decidió dar un giro a su propia existencia y redimirse a sí mismo. ¿Cómo lo hizo? Tellechea nos contesta: «Rescatando las mínimas parcelas intactas de sí mismo, reforzándolas y orientando en nueva dirección energías no extinguidas de su espíritu: reestructurando la esfera de los *noes* al impulso avasallador de un nuevo *sí*».

Efectivamente, en todo hombre (y en toda mujer), por desastrada y vacía que hubiera sido su vida, siempre habrán quedado parcelas intactas de su verdad, esquirlas positivas de su fe o de sus entusiasmos. Y es sobre ellas donde hay que reconstruir. Despertarlas, reforzarlas y, sobre todo, orientarlas en la nueva dirección que hemos descubierto. No se trata de destruir la propia naturaleza; de lo que se trata es de conducir esa naturaleza que hasta ahora sirvió a los *noes*, es decir, al vacío, a la mediocridad, hacia un nuevo valor positivo, poniendo en él eso que san Ignacio llamaba «una determinación determinada», un nuevo impulso avasallador.

Y ¿dónde está esa fuerza? En Dios y dentro de nosotros, a la vez. Porque, evidentemente, toda reconstrucción del alma empieza por dentro. «El primer paso –decía Bernanos– se da hacia dentro y en silencio, en ese silencio interior que la juventud teme o desdeña». Nadie nos suplirá en esa batalla, ni Dios mismo. Pues Dios –como escribió Alexis Carrel– «no habla al hombre hasta que éste no ha logrado establecer la calma en sí mismo». Porque Dios ayuda al hombre, pero no le suplanta. Al final todo será obra suya, pero los primeros pasos son exclusivamente nuestros.

Luego, todo va siendo progresivamente más fácil. Lo describió hace muchísimos siglos otro converso, san Cipriano de Cartago: «Cuando el segundo nacimiento hubo restaurado en mí al hombre nuevo, se opera en mí un extraño cambio: las dudas se aclaran, las barreras caen, las tinieblas se iluminan. Lo que yo juzgaba imposible puede cumplirse. Ésta es la obra de Dios. Sí, de Dios. Todo lo que podemos viene de Dios. Renacer de nuevo, abandonar la vieja carne para vigorizarla al contacto con el agua salvadora, cambiar de alma y de mentalidad, y eso sin perder la propia identidad… ¡Imposible!, decía yo, tal trueque. Imposible abandonar todo lo que, nacido en mí, se ha instalado ahí como en su propia casa, ni nada de lo que, venido de fuera, ha echado raíces en mi propio ser».

Y, sin embargo, es posible. Lo fue en Cipriano, lo fue en Ignacio, lo será en todo el que un día se decida a construirse un alma nueva en lugar de la dormida que tal vez ha tenido hasta ahora. No será fácil. Los espeleólogos saben que no se desciende al fondo de la tierra sin dejarse trozos de piel de las rodillas en la aventura. Y la espeleología del alma no es más fácil que la deportiva. Pero bien vale la pena bajar al fondo de nosotros mismos para regresar con un ramo de trozos de nuestra alma.

37
DOS JÓVENES FURIOSOS

Me escribe una pareja de muchachos enfurecidos por los titulares que acaban de leer en un periódico. Un primer título que dice: «Los jóvenes de los 90 pasan de crisis». Y un segundo que añade: «Locos por el dinero, no quieren sueños». Y mis amigos sienten que esas manifestaciones les revuelven las tripas y el corazón porque, desde luego, ellos no se sienten retratados por tal caricatura generalizadora. Tienen entendido –me dicen en una carta– «que ser joven es estar lleno de sueños, vivir a contracorriente». Reconocen que ciertamente muchos compañeros suyos de promoción humana han sido tragados por «las estupideces de la sociedad, de esa misma sociedad que luego les condena si caen en la droga o se encastillan en el más absoluto pasotismo que ella les ha inculcado». Pero, sean los que sean, los así atrapados, siguen creyendo que no son pocos los decididos «a vivir a tope y ardiendo», porque están convencidos de que no es «más enriquecedor ser propietario de un coche que abrir un libro de Ray Bradbury o releer los versos-incendio de Pedro Salinas».

Y yo, que no soy ya joven (bueno, o que sí lo soy, caramba, porque me da la gana serlo), estoy completamente convencido de que esta pareja tiene la razón y que, sean o no la mayoría, están en el único camino por el que vale la pena andar cuando se es joven.

Tal vez buena parte de la culpa sea de ciertas estadísticas o, lo que es peor, de ciertas encuestas manipuladas. Se sale a la calle, se aposta uno a la puerta de una discoteca y se pregunta a los que de ella salen cuáles son sus ideales, casi sin dejarles reflexionar y cuando las copas tomadas iluminan aún su cerebro. Y, naturalmente, se consigue el pseudo-retrato de la «nueva» juventud que se iba buscando. Es decir: se hace algo tan «científico» como si se elaborase una encuesta sobre el tabaquismo situándose en el interior de un estanco y preguntando sólo a los que van a comprar tabaco.

¿Quién pregunta, en cambio, a los «otros» jóvenes, a los que a esa misma hora están estudiando o trabajando, a los que no han ido a la discoteca porque ayudan en un club para minusválidos o a cuantos están haciendo un retiro en la escalada de una montaña?

Cuando, hace ahora un año, medio millón de muchachos se concentraron en torno al papa en Santiago, muchos se maravillaban de estar topando con «otra juventud». No entendían que esa marea juvenil pasara por las calles compostelanas y las dejara limpias, sin abandonar detrás ese rastro de desperdicios que inunda, como un basurero, ciertos estadios en los que se reúnen para escuchar (?) en recital de *rock*.

Y es que en Santiago se había reunido una parte (sólo una parte) de esa otra juventud que nadie ve y de la que nadie habla.

Sería, ciertamente, tristísimo que fuera auténtico el diagnóstico de los titulares que tanto han enfurecido a mis amigos: salir de una crisis para entrar en la muerte no es precisamente un avance. Alejarse de la angustia e incluso de los estallidos revolucionarios para ingresar en el culto al dinero y en la falta de sueños es peor que un suicidio. ¡Benditas todas las rebeldías si, por lo menos, mantienen el alma despierta!

Claro que hay también un camino que equidista entre la rebeldía superficial y el pasotismo adormecedor: el trabajo, la lucha diaria, el cultivo de ilusiones realizables, el amor al amor, la pasión por la belleza, la terca esperanza. Y todo esto, por fortuna, lo tienen o lo buscan no pocos jóvenes de hoy que quieren, y tienen derecho, a construir «su» mundo.

Cierto que eso nunca fue fácil, y más cierto que hoy es más difícil que nunca. Hay que confesar que para mantener levantada el alma cuando toda la realidad en torno te invita a ingresar en la estupidez, en la violencia, en la vida fácil, hay que tener muchos quilates de corazón. Pero no es imposible. Y, a fin de cuentas, el siglo XXI se mantendrá en pie de dignidad gracias a esos pocos que siguen creyendo que leer o alimentar sus sueños es lo único que les va a salvar como humanos.

Yo brindo desde aquí por ellos. Para que no se cansen de vivir a contracorriente. Para que se atrevan a ser lo que son. Para que no desperdicien su tiempo ni su espíritu. Para que sean la «rara perla» que justifica a toda una generación.

38

ME SIENTO UN MARCIANO

Recibo con bastante frecuencia cartas de personas que me cuentan que tienen la sensación de vivir en un mundo que ya no es el suyo, de ser como marcianos en un planeta distinto. Todo les resulta extraño: los modos de vivir, los modos de pensar, las formas de hablar, la distinta tierra que pisan. Educados «en otro mundo», sienten como si no encajaran ahora en el que les toca vivir. Y tengo que empezar por confesarles con sinceridad que también yo a veces tengo una sensación parecida, la de pertenecer a un pasado, la de ser un diplodocus que ha sobrevivido fuera de su época.

Efectivamente, uno tiene la sensación de que en los últimos diez años, en nuestro país, ha pasado un siglo y ya no nos valen los módulos con que nos regíamos hace sólo un par de décadas.

Si nos acercamos al terreno moral, nos encontramos con que, en el pensamiento de la mayoría todo ha cambiado. Hemos entrado en una curva de permisivismo, y hoy se traga con normalidad todo lo que no hace mucho parecía detestable a los más. Ya nadie se escandaliza de nada, y conductas que se consideraban marginales o excepcionales –y que el resto repudiaba y condenaba– hoy son vistas por todo el mundo como algo lógico, no sólo como algo inevitable, sino casi hasta bueno.

Si entramos en el terreno familiar, el giro aún ha sido más copernicano: las relaciones padres-hijos nada tienen que ver con las que nosotros vivimos en nuestra adolescencia y juventud. Los niños de hoy poco o nada tienen que ver con los niños que fuimos. Y no digamos si nos acercamos a los adolescentes o los jóvenes. Cuando en el metro veo sus pandillas, no salgo –tengo que confesarlo– de mi asombro. Sus modos de vestir y, sobre todo, su lenguaje, me dejan completamente fuera de juego. Desde sus disparates gramaticales hasta lo corto de su vocabulario, pasando por el hecho de que, de sus palabras, una de cada dos es un taco y una de cada cinco una semiblasfemia, todo ello me obliga a preguntarme qué hay dentro de sus cabezas y qué formación están recibiendo.

Y uno entiende como normal que el mundo cambie –hacia delante o hacia atrás–, y evolucionen las costumbres y los lenguajes, pero lo verdaderamente asombroso es que esto haya ocurrido, entre nosotros, tan deprisa, en tan pocos años.

Es cierto que estos modos de pensar, vestir o vivir «funcionaban» ya hace años en el mundo y tal vez no habían penetrado en España porque fueron artificialmente contenidos. Por eso, al abrirse las compuertas con la mayor libertad de la democracia, se ha derrumbado repentinamente sobre nosotros todo eso que otros ya hacían y nos hemos puesto «al día» con una velocidad supersónica.

Pero lo que más sorprende es la reacción de la sociedad española ante este cambio: una gran parte se ha acomodado a él con toda normalidad; ha cambiado sus modos de pensar y de vivir, mostrando tal vez un poco de escándalo de palabra, pero sin la menor resistencia en el terreno de los hechos. La nueva moral resultaba evidentemente más cómoda y nadie quiere ser considerado un retrógrado.

Otros –minorías– han sufrido y están sufriendo mucho ante lo que sucede: son los padres que, casi de repente, ven cómo vuela toda la formación religiosa que dieron a sus hijos y cómo éstos, casi en masa, abandonan la práctica religiosa y se permiten en lo moral actitudes que jamás hubieran sido aceptadas hace treinta años. O son los profesores de instituto que se encuentran unos alumnos que les parecen astronautas en buena parte de sus reacciones.

Y es la propia Iglesia –curas y obispos–, que se encuentra con que su mensaje, que siempre fue contracorriente, lo es ahora infinitamente más (si bien no pocos curas se han «amoldado» con una tan enorme rapidez y facilidad que tienen desconcertados a muchos miembros «mayores» de sus comunidades).

¿Y qué hacer frente a estos fenómenos? ¿Sentarnos a esperar a que pase el «desmadre», confiando en que, a la larga, se imponga una mayor sensatez? ¿Dedicarnos a llorar y encerrarnos en nuestro corazoncito, declarándonos seres marginales? ¿Despotricar contra «todo» el presente o usar más que nunca nuestra cabeza para distinguir en qué debemos adaptarnos y en qué es necesario resistir?

Esta última pregunta me parece a mí la clave del problema. Es evidente que muchas cosas de nuestro pasado debían ser arrumbadas, simplemente porque estaban muertas. Pero también lo es que se nos han colado de rondón muchos cambios que son para peor y que una sociedad seria debe impedir. Ni todo el pasado es canonizable ni el presente es bueno por el hecho de ser moderno o estar de moda. Y aquí es donde hace falta la cabeza y la serenidad para separar el grano de la cizaña.

Hace muy pocos días un periodista me preguntaba por qué a mí, hace algunos años, me consideraban muy avanzado y me consideran ahora muy conservador. Le respondí que hay tiempos y cosas en las que hay que avanzar y tiempos y temas en los que uno tiene la obligación de permanecer firme, sin ponerse colorado porque a uno le encasillen entre los conservadores. Creo que es malo generalizar y ver como malo todo lo que viene, pero me parece cobarde y grotesco no saber decir «no» cuando tu conciencia te dice que debes decirlo. ¿Que con ello te sientes un marciano? ¿Que, en definitiva, tú no vas a poder detener las olas de la permisividad que, para muchos, es inevitable y cómoda? Pues haremos lo que podamos y tendremos, al menos, tranquila la conciencia. Todo antes que ser peleles o globos que se lleva el viento.

39
¡ESO ES UN HOMBRE!

Acabo de cerrar las páginas de *La puerta de la esperanza*, ese «librito-testimonio» que Juan Antonio Vallejo-Nájera escribió en sus últimos días en diálogo con José Luis Olaizola, y me parece que es una lectura que debo recomendar a los lectores de este cuadernillo mío. Para no engañar a nadie, empezaré diciendo que decepciona un poco, como es inevitable en una obra de conversaciones en la que se rozan los temas más que profundizarlos y, tal vez, también con la pega de que, mientras uno esperaba unas largas conversaciones sobre los grandes temas de la vida, al fin te cuenta sólo la vida del autor con pequeños retazos de sus grandes convicciones. A uno le habría interesado que ahí se hablase más de la vida y la muerte, del dolor y la injusticia, en lugar de contarnos cómo aprendió el protagonista a encuadernar o cuáles fueron sus amistades.

Pero aun con este fallo –que señalo porque me parece de juego limpio con mis lectores, ya que se lo recomiendo–, hay en esta *Puerta de la esperanza* muchos ramalazos de luz que necesita muchísimo un mundo como el nuestro. Juan Antonio, que ha conmovido a toda España con la lección de dignidad y de fe con que vivió su muerte, prolonga en estas páginas ese mensaje de fe y dignidad. Dice con sencillez conmovida muchas de esas cosas que muchos piensan y no se atreven a decir. Y explica, sobre todo, esa gran lección de cómo un hombre puede ser feliz amando apasionadamente todo lo que hace. No irradian estas páginas olor a muerte, sino a vida, a plenitud, esa que uno quisiera para sí mismo.

Y me complace reproducir aquí una página que me ha llamado poderosamente la atención. Es aquélla en la que valora sus recuerdos de colegial. Hoy está de moda cargar todas las acusaciones de los problemas del mundo a la generación que nos precedió. Como si nuestros padres fueran los responsables de todos nuestros fracasos y como si escuelas, colegios, educadores tuvieran que pedirnos hoy perdón por no habernos enseñado a vivir e incluso de habernos corrompido o reprimido. Creo que no hay año en que no aparezca una nueva película contándonos el infierno de los cincuenta años pasados, las cámaras de horror que eran los colegios en que nos mantuvieron encerrados, lo idiotas, cuando no depravados, que fueron quienes debieron educarnos.

Pues bien: cuando en este libro el entrevistador pregunta a Vallejo-Nájera por sus años de estudiante, recuerda, sí, que en aquellos internados se comía medianamente, que hacía frío, que siempre había algún profesor que se pasaba de riguroso. Pero cuando Olaizola insiste e inquiere si no fue aquella una educación reprimida y que los primeros reprimidos eran los frailes, Vallejo-Nájera estalla con este párrafo:

«¡Tonterías! Eso son gilipolleces de los 'progres'. Lo mismo que lo de los curas homosexuales; yo no me he encontrado ni uno en los muchos años que he estudiado con ellos. Es más, te diré como psiquiatra, con más de cuarenta años de profesión, que por mi consulta han pasado toda clase de enfermos, entre ellos curas, frailes y monjas, porque la santidad no está reñida con las enfermedades del espíritu, y es excepcional que encuentres alguna malformación sexual que pueda tener su origen y causa en ese tipo de educación. Por el contrario, la educación en la castidad es sanísima y nos ayudó mucho a superar los problemas de la edad. En cambio, la presunta libertad sexual que se predica ahora, ésa sí que llena de pacientes la consulta del psiquiatra. Y no digamos nada de la moda de decir que la homosexualidad es una alternativa tan válida como cualquier otra. Mentira. El ser homosexual es complicadísimo. Deben merecer toda nuestra comprensión y cariño, pero para intentar curarlo, no para animarles a serlo. Lo que ocurre con esos mal llamados progresistas es que primero han perdido la fe, y entonces deciden echar la culpa a los malos tratos recibidos del clero. O a que conocieron a un cura marica. No saben perder la fe con dignidad. Aviados estábamos si la existencia o inexistencia de Dios fuera a depender del comportamiento de sus criaturas. Es una postura ridícula e incoherente».

El lector me perdonará si he citado un párrafo tan largo. Pero es que no hay en él ni una gota de desperdicio. Puede que sea una pizca radical, porque siempre pueden darse casos de quienes tuvieron mala suerte y se cruzaron con algún educador torpe o pervertido, pero, generalizadas las cosas, lo que Vallejo-Nájera dice es exactísimo.

Es cierto: perder la fe es una tremenda desgracia, pero querer tapar esa pérdida con hipocresía es, además, una enorme estupidez. Y embarcarse y predicar ciertos tópicos sobre la sexualidad sólo porque están más de moda, porque con ellos se parece más moderno, engatusar a los jóvenes porque es más cómodo darles gusto que exigirles, son delitos de esa educación. Que luego se pagan en los consultorios del psiquiatra. Porque no hay represión más peligrosa que la de quienes, por miedo a parecer reprimidos, no se atreven a llamar cobardía a la cobardía.

Al fin la gente entiende, y ante corajes como el del doctor Vallejo-Nájera siente como un estremecimiento interior que grita: ¡eso es un hombre!

40

LA VELA DE LA CAJA DE CRISTAL

Recuerdo que en la alacena aquella de los recuerdos había, en mi infancia, uno que (yo tardé mucho en saber por qué) era como el más sagrado de todos. Era una vela larga como una batuta de director de orquesta y que se adelgazaba también en una de sus puntas. Dormía, flotaba más bien, en una cajita de cristal a cuyos lados estaban las fotos de boda de mis padres, el reloj de mi abuelo y una especie de relicario que contenía un trocito de olivo traído del Huerto de Jerusalén no sé por quién.

Pero lo más importante del anaquel era, como ya he dicho, la misteriosa vela.

Salía sólo una vez al año de la vitrina: para presidir la tarta del día de mi santo, rodeada de cuatro, de cinco, de seis velas menores, según fueran cinco, seis o siete años de mi edad. Entre las demás, la vela de la alacena destacaba como una catedral sobre las casas de una vieja capital de provincias. Y hasta parecía que diera más luz o iluminase mejor que las otras.

Un año –no puedo yo precisar cuántos serían los míos, pero, en todo caso, menos de siete– mi madre me explicó que aquélla era la vela que habían dado a mi madrina el día de mi bautismo y que mi madre sabía muy bien que el cura, al entregársela, le había explicado que aquélla era la luz de Cristo y que deber suyo sería ya, toda la vida, conservar y acrecentar el brillo de aquella luz. Y aunque no sé si entonces lo entendí del todo, añadió que es que la fe cristiana no era como un capital que se poseía y uno guardaba en un cajón, sino que era algo que se nos daba para repartir y que maldito para lo que servía una vela que se guardase su luz para sí misma y no iluminase e incendiase a los demás.

Recuerdo hoy muy bien aquella conversación no sólo porque configuró mi vida, sino porque es, además, la única que explica por qué soy como soy y por qué mi familia fue la que fue.

Verán ustedes: con mucha frecuencia vienen jóvenes periodistas a hacerme entrevistas o me las mandan por correo para sus revistillas juveniles. Y me hacen preguntas tan gordas que normalmente necesitaría escribir un libro entero para contestar cada una. Pero la que no falla es la de por qué me hice sacerdote, que si era religioso el ambiente de mi familia, si esto influyó en mí.

A estas dos últimas preguntas siempre contesto afirmativamente. Pero cuando después me quedo pensándolo, me doy cuenta de que no he dicho lo que quería decir. Porque claro que en mi familia se tenía fe y se rezaba. Pero no fue eso lo verdaderamente significativo y lo que, en definitiva, influyó en mi vocación sacerdotal. Hay cientos de casas muy religiosas cuyos hijos no acaban siendo sacerdotes.

En mi caso fue, ante todo naturalmente, una de esas «gracias tumbativas» de Dios y también el influjo de mi familia, pero no por eso que he venido definiendo como religiosidad hasta aquí.

Lo novedoso en mi casa es que se creía «para» difundir la fe. Nadie entendía que se tenía fe con tenerla. Al contrario: se pensaba que se empezaba a tener verdadera fe cristiana cuando se luchaba en serio por difundirla. Dicho técnicamente: mi familia era, además de creyente, además de cristiana, además de católica, una cosa más: sustancialmente apostólica.

Eran aquellos los tiempos de la Acción Católica, y todos en casa se embarcaban de alguna manera en ella. Mi padre casi nos enseñó a leer en el manual de Civardi. Y en casa todos eran de alguna de las cuatro ramas: si mi padre era un año presidente del grupo de hombres, al siguiente mi madre era secretaria de las mujeres, mi hermano Antonio presidente de los jóvenes y Crucita vocal de formación de las jóvenes. Angelines y yo éramos demasiado pequeños para ser nada de nada, pero aun así nos pasábamos las mañanas llevando y trayendo sobres con citaciones para un retiro espiritual; sacando –con aquel primitivo ciclostil de gelatina y tinta morada– copias de las canciones que había que cantar en tal o cual acto, o guardando Angelines la comida porque mi madre y mi hermana mayor se habían ido «de propaganda» o de ayuda social a no sé qué pueblo vecino.

A mí todo aquello me parecía como estar construyendo ya pedacitos del reino de Dios y ya me resultó muy fácil concluir que ser cura era simplemente dedicarse a aquello, pero más en exclusiva. De entonces me viene la «manía» de hablar de Dios y de Cristo y la de pensar que ésa es una de las pocas formas que tiene un ser humano para no perder completamente su vida. Ya sé, claro, que a Dios se le quiere y se le difunde de muchos modos, pero yo me encontré «enrollado» en éste y ahí parece que, gracias a Dios, sigo.

Ahora se habla mucho de por qué hay tan pocas vocaciones sacerdotales y se dice que porque hay pocas familias con ambiente católico. Yo no lo creo. Hay muchas, muchísimas familias que creen en Dios apasionadamente y le aman. Lo que dudo es que sean tantas las que hayan descubierto que no se es cristiano sólo por ser bueno; que se es cristiano cuando se ilumina a otros.

Y ahora entienden ustedes mi recuerdo de aquella vela que parecía una batuta de director de orquesta. Desgraciadamente, la mía no existe ya: se nos quemó en el incendio que en 1943 destruyó mi casa. Pero yo la sigo teniendo dentro y me sigue quemando cada vez que bautizo a un niño y digo a sus padres: «A vosotros se os encarga conservar y acrecentar esta luz».

41
¡HOMBRE, CLARO, SI SE SIEMBRA...!

El abad Mamerto Menapace ha contado la historia de un joven argentino que, gracias a los esfuerzos de su padre, labrador, pudo ir a estudiar agronomía a la universidad. Y cuando acabó sus estudios, en lugar de colocarse cómodamente en una gran ciudad, decidió regresar a su pueblecito para tratar de aplicar allí todo lo que en la universidad había aprendido. Y lo hizo recordando muy bien el último consejo que sus profesores le dieron: «Cuando tengas que realizar alguna empresa agrícola no te fíes de lo que sabes, consulta antes a los viejos del pueblo, que muchas veces, en su incultura, saben más que todos los científicos». Y así lo hizo nuestro joven ingeniero: se acercó un día al más viejo del lugar, don Laureano, y le preguntó:

–¿Ha visto, don Laureano, mi campito?

–Sí, ¿cómo no lo voy a ver? –contestó el viejo. Lindo lo ha dejado, patroncito –añadió.

–Y bien, don Laureano, yo le quería preguntar una cosa: ¿Usted cree que este campito me dará buen algodón?

–¿Algodón dijo, patroncito? –respondió dubitativo el viejo–. No, mire, no creo que este campo le pueda dar algodón. Fíjese los años que yo vivo aquí, pues nunca vi que este campo diera algodón.

–¿Y maíz? –insistió el joven–. ¿Usted cree que me puede dar maíz?

–¿Maíz dijo, patroncito? No, no creo que este campo le pueda dar maíz. Por lo que yo sé, ese campito lo más que le puede dar es algo de pasto, un poco de leña, sombra para las vacas y, con suerte, alguna frutita de monte. Pero maíz no creo que le dé.

Cada vez más desconcertado, nuestro joven ingeniero insistió aún:

–¿Y soja, don Laureano? ¿Me podrá dar soja el campito?

–¿Soja, patroncito? Mire, no le quiero macanear. Yo nunca he visto soja por estos lados. Ya le digo: lo más, algo de pasto, un poco de leña, sombra para las vacas y alguna frutita de monte, no más.

Y el joven ingeniero, cansado de recibir siempre la misma respuesta, esta vez ya no preguntó. Y dijo:

–Bueno, don Laureano, yo le agradezco todo lo que me ha dicho. Pero, de todos modos, quiero hacer una prueba. Voy a sembrar algodón en el campito y vamos a ver lo que resulta.

Y fue entonces cuando vio que el viejo levantaba los ojos y con una media sonrisa en los labios le decía:

–Hombre, claro, patroncito, si se siembra…, si se siembra es otra cosa.

Leyendo esta historia-fábula yo he pensado que el mundo está lleno de donlaureanos, que están absolutamente convencidos de que las cosas no funcionarán precisamente porque nunca se molestaron en comprobar si funcionaban.

Están los estudiantes donlaureanos. Son los que quisieran ser alguien en su vida, pero no tienen la menor gana de sembrar esos soñados éxitos. Creen que se puede saber sin estudiar, triunfar sin esforzarse, ganar unas oposiciones confiando en la suerte o en las «ayuditas» de alguien. Naturalmente, cuando fracasan echan la culpa a los enchufes de los demás, a la mala suerte o a la tirria que alguien les tiene. ¿Y si probasen a sembrar?

Están los donlaureanos religiosos que se quejan de que Dios no les ayuda, de que no le ven, de que le piden cosas y Él no contesta, y es que creen que Dios está ahí para hacer lo que ellos no tienen coraje de buscar o realizar. Son los que se quejan de estar perdiendo la fe o de haberla perdido, y no se dan cuenta de que toda fe que no se practica acaba muriéndose. Son los que echan la culpa a los «curas o a la Iglesia» –como ellos dicen, sin darse cuenta de que la Iglesia son ellos– de que las cosas marchan mal en el mundo.

Están los padres donlaureanos que se quejan de «cómo les han salido sus hijos» o de «quién os habrá enseñado esas cosas», y no saben que los hijos lo único que han hecho es llevar a las últimas consecuencias las faltas de fe que vieron en sus padres o el afán crematístico que fue el centro de sus vidas.

Pero parece que para que un campo dé maíz, para que unos estudios den fruto, para que una fe llene de entusiasmo, lo que hay que hacer es sembrar maíz, trabajo o fe.

No vaya a ocurrirnos lo que a aquel rabino tacaño que, en sus oraciones, se quejaba diariamente a Dios:

–¡Oh, Yahvé! –decía–. ¿Cómo es que en este mundo siempre triunfan los malos? ¿Cómo es que siempre son ellos los que tienen de todo: dinero, fama y hasta suerte? Ayer, fíjate, le tocó la lotería a mi vecino, el carnicero. ¿En qué te crees que va a gastarse el premio? En pecar y pecar. Si me hubiera tocado a mí, ahora tendrías tú ya una nueva y hermosísima sinagoga, porque yo no te pido ni siquiera suerte para mí, sino para tus cosas. ¿Acaso no sabes tú en qué número va a tocar en la próxima extracción? ¿Qué trabajo te costaba chivármelo?

Y así rezaba y rezaba el piadoso rabino. Hasta que, al fin, escuchó una voz de lo alto que decía: «Tienes razón, tienes toda la razón. Haré que te toque a ti. Pero ¿no podrías tú, al menos, comprar un décimo para que pueda tocarte?».

Porque sí, hasta para que toque la lotería hay que sembrar.

42

HISTORIA DE HACE CIEN AÑOS

Estas Navidades pasadas, revolviendo viejos cajones de la casa de mis padres, me encontré un recorte de periódico que me impresionó. Era un artículo necrológico publicado en *El Porvenir*, de Valladolid, a principios de nuestro siglo. Y en él hablaba de un sacerdote, hermano de mi abuelo, llamado don Miguel Martín Sanz, que, por lo que el periódico cuenta, debió de ser muy querido en el Valladolid de finales del siglo pasado y comienzos de éste. De él dice el diario, con ese asombroso y un tanto cursi lenguaje de la época, que en todos los cargos, parroquiales o universitarios que ocupó, «supo no sólo guardar el decoro debido, sino también dejar el perfume de sus virtudes como lo hace la humilde violeta casi escondida entre las hojas que la rodean».

Pero lo que realmente me ha impresionado es un historia que de él se cuenta en ese artículo y que transcribo también literalmente:

«En la parroquia de San Nicolás le tenía el Señor reservado uno de los trances más amargos de su vida; el voraz incendio que consumió todo el interior del templo parroquial confiado a su cuidado. Ardieron los altares, desplomó alguna bóveda, cayó con estrépito el coro, arrastrando en su ruina el órgano, y salió el fuego por la espadaña haciendo presa en las mazas de las campanas. ¡Qué desolación! Mas no era ésta la mayor pena para don Miguel, lleno de dolor y de amor al Santísimo Sacramento, que con tanto anhelo trató de salvar, que hubo de ser sacado a viva fuerza de entre las llamas sin haber podido lograr su generoso propósito. No había consuelo para él. De nada servía decirle que no era poco haber logrado salvar las preciosas reliquias de san Miguel de los Santos, que descansan en aquel antiguo templo de los Trinitarios. Para él se había perdido todo por no haber conseguido sacar la Sagrada Eucaristía».

Este párrafo, escrito, si ustedes quieren, melodramáticamente, me conmovió, porque lo que narra es absolutamente cierto y muestra lo que es un alma verdaderamente enamorada de algo o de Alguien.

Pero creo que aún me llamó más la atención el párrafo que sigue en ese mismo artículo:

«Cuanto fue su dolor por el incendio de su amada iglesia, otro tanto fue su celo por restaurarla, y, a pesar de la pobreza de su feligresía, no tardó mucho, con hartos afanes, en volverla a abrir al culto con todo esplendor. Feligreses más acomodados o menos pobres, hijos de la parroquia residentes en otros puntos, amigos particulares suyos, personas piadosas que gozan en buenas obras, cuantos podían hacer algo por su iglesia de San Nicolás, fueron suavemente requeridos por su cura, y para lo que faltó, que no fue poco, tuvo abierta su fortuna particular y sus ahorros, si es que su liberalidad para con los feligreses de todos sus curatos anteriores le había permitido hacer algunos. Dios habrá premiado ahora su generosidad y su silencio, pues nadie supo lo por él suplido».

¿Saben lo que más me ha impresionado de estos dos párrafos? La última frase: ésa que habla del «silencio» del tío-abuelo Miguel, cuya mano izquierda nunca supo lo que hacía con la derecha. Y es que siempre he oído en mi familia que aquel tío Miguel no dejó un duro en herencia, por la simple razón de que no lo tenía, ya que lo daba todo y vivía estrictamente al día con el pequeño sueldo que cobraba. Pero esto apenas si los familiares lo sabían, porque el tío Miguel debió de pensar hace un siglo eso que yo repito algunas veces: que el bien no hace ruido y que el ruido no hace bien. Que los pecadores hacemos mucho más ruido que los santos. Y que cuando la gente cree que en este mundo sólo hay personas malas y no buenas es, sencillamente, porque confunde lo que se ve y aparece con la verdadera realidad que, aunque la frase sea muy cursi, es, como dice este viejo diario, «como la violeta escondida entre las hojas que la rodean».

Por eso a mí me da mucha rabia cuando oigo a la gente hablar de la Iglesia y referirse siempre a que si tales papas manejaron la espada, o que si Alejandro VI fue un canalla en materia de sexo, o que si los obispos viven en palacios o llevan joyas en sus mitras. La Iglesia no tiene su centro en Alejandro VI, sino en Cristo, y, en todo caso, hay que mirar mucho más a sus santos que a sus obispos, y mucho más a la pequeña gente dedicada diariamente a amar y a ayudar a los demás; todos esos curas de pueblo que permanecen en lugares de los que ha huido la mayoría de los profesionales; todos esos misioneros que han dejado todo por amor; todos los fieles pequeños y desconocidos que son santos sin que nadie se entere. Como este viejo tío-abuelo mío, de cuya vida he tenido que enterarme yo porque, por casualidad, encontré un recorte de periódico en un viejo desván.

43
LOS DEFECTOS DEL PRÓJIMO

Recibo con relativa frecuencia cartas de mujeres que me cuentan historias tremendas de sus maridos. Son, generalmente, cartas escritas en momentos de angustia y desaliento y que me pintan la convivencia con sus esposos como algo imposible: o son crueles, o montañas de egoísmo, cuando no mujeriegos o borrachos. Y confieso que yo, al leerlas, me planteo siempre la misma pregunta: ¿Serán las cosas tal y como esta mujer las cuenta o estará simplemente esta señora viendo la mota en el ojo ajeno y multiplicándola por todos sus desencantos?

Lo normal es que todo matrimonio haya sido precedido por un período de enamoramiento, y la misma sustancia del enamoramiento es precisamente el no ver los defectos de la persona amada. «Cuando el corazón arde —como dice la conocida canción—, el humo ciega mis ojos».

Por eso el hombre o la mujer queridos son vistos en ese principio por quien les ama como la cima de todas las virtudes sin mezcla de mal alguno. Pero esto, claro, no es verdad.

No es verdad porque no hay nadie sin defectos. Un proverbio latino dice: «El que desee un caballo sin defecto que marche a pie». Y uno de nuestros más hermosos refranes asegura que «hombres sin *pero* no hay dos: hubo uno, y era Dios».

Efectivamente, si excluimos a Cristo, todo hombre o mujer tiene una buena montañita de defectos. Los verá él o no los verá. Los percibirán quienes le rodean o no caerán en ellos. Pero, desde luego, con toda certeza, todo ser humano tiene sus motas en los ojos.

Y es tan verdad que cada uno tiene que combatir por irlos eliminando o recortando como que quienes conviven con él tendrán que aceptarlos y asumirlos si quieren que esa convivencia sea posible.

Por eso cuando yo digo que hay que aceptar a la gente como la gente es, no estoy diciendo que uno debe aceptar sus defectos como inevitables y contentarse con el «yo soy así». Todo humano tiene que empezar por ser muy lúcido consigo mismo, atreverse a enfrentarse con el espejo y reconocerse tal cual es. Tarea nada fácil, porque, como suele decirse, uno ha de tratar de reconocer sus propios defectos, ya que, normalmente, sus amigos no se los dirán por no hacerle sufrir, y sus enemigos se alegrarán muchísimo de que esos defectos persistan.

Pero el hombre debe ser tan humilde como sensato. Y reconocer que lo más probable es que él logre recortar, quitar algunas aristas a sus defectos, pero difícilmente logrará arrancarlos totalmente de su alma. De ahí que la lucha por mejorar debe ir siempre acompañada de una aceptación de sí mismo.

Esto es más evidente respecto a los demás: si no nos acostumbramos a aceptar a la gente tal y como ella es, con sus fallos y defectos, difícilmente podremos llegar a quererles e, incluso, a convivir con ellos. Unas buenas rebanadas de tolerancia mutua son siempre necesarias para que la amistad o el amor funcionen.

Mas, desgraciadamente, entre los hombres suele suceder que muchas vidas de relación tienen tres etapas: una primera en la que el enamoramiento no deja ver los defectos del otro; una segunda en la que esos defectos comienzan a aparecer y nos preguntamos si no nos habremos equivocado en la elección de nuestra pareja, y una tercera en la que ya «sólo» se ven esos defectos, en la que multiplicamos la mota en el ojo ajeno y no percibimos siquiera las muchas vigas que tenemos en los nuestros.

Por fortuna, no siempre es así, y uno se encuentra gentes que han aprendido a ver las virtudes de los demás y saben poner entre paréntesis sus defectos. Que practican aquello que decía Joubert: «Cuando mis amigos son tuertos, yo los miro de perfil».

Lógicamente, por este camino se va mucho más derecho hacia la felicidad, porque todo hombre, al sentirse comprendido en sus fallos y valorado en sus virtudes, tiene mucha más capacidad para superarse. Decía Bossuet que «el defecto que más impide a los hombres a la hora de progresar es el no darse cuenta de lo que son capaces». Por eso si conseguimos demostrarle a alguien que tiene más alma de la que él sospecha, habremos logrado muchísimo más que si le empujamos a ver únicamente sus errores. Los libaneses tienen un dicho que asegura que «si el camello pudiera ver sus jorobas caería al suelo de vergüenza». Pero con que alguien se caiga de vergüenza no parece que se gane nada. Y quizá por ello Dios puso las jorobas del camello donde el pobre no pudiese llegar a verlas.

Por eso a las personas que me escriben contándome todos los fallos de los que las rodean yo les digo que es muy posible que tengan razón en lo que me cuentan, pero que ganarían muchísimo más sentándose y escribiendo, para sí mismas, la lista de las cosas buenas que también pueden tener esas personas. Y que, en lugar de dedicarse a condenar a esos acusados, mejor harían esforzándose por ayudarles amistosamente a luchar contra esos fallos. Porque si no quieren ver defectos, ya pueden empezar a irse al desierto.

44

UNA MUCHACHA JAPONESA

Esta vez la carta me ha llegado del lejano Japón. Resulta que uno de mis últimos libros –los que recogen estos artículos en *ByN*– ha llegado a las manos de una estudiante de lengua española en la universidad de Tokio, y me escribe una preciosa carta en un muy buen español para formularme algunas tremendas preguntas:

«¿Qué piensa usted de este mundo en que vivimos ahora? Muchas cosas que Dios ha hecho bien para nosotros fueron destruidas por nuestra mano, aunque no puedo decir todas. Unas las podemos ver y otras no. Recientemente no sé distinguir entre el bien y el mal. Si vivo de acuerdo con mi conciencia y escuchando la voz de Dios, vivo contra el mundo. Pero si vivo con el mundo, vivo sin estar de acuerdo conmigo. Pero si intento vivir de acuerdo con mi conciencia, el corazón perverso que está ensuciado por la codicia me molesta. Tengo la contradicción en mi corazón. ¿Todo el mundo vive con alegría? ¿Cómo lo consigue usted?».

Como ustedes verán, aquí se me hacen unas preguntas para uno y aun para varios libros. Y me veré obligado a responder con palabras muy elementales. La primera para decir que el mundo no puede ser juzgado con generalizaciones. Realmente, ¿qué conocemos cada uno de nosotros del mundo? Ni una micromillonésima parte. Sólo Dios pesa el mundo entero en sus balanzas celestiales. Nosotros, ¿con cuántas personas hablamos al cabo del día? Difícilmente con más de diez. ¿Y al cabo de un año? Quizá con menos de cien. ¿Y qué sabemos de ellas? Poco más que sus palabras y algunos hechos. Y ¿de sus intenciones, de sus sufrimientos, de sus esperanzas? Nada, prácticamente nada. Por eso mal podemos condenar o canonizar a un mundo y a una gente de la que tan poco sabemos.

Por otro lado, el noventa por ciento de nuestras informaciones y conocimientos las recibimos de los periódicos, las revistas, la televisión. ¿Y es ésta una información objetiva? No hay que olvidar que estos medios tienen unas leyes que hacen imposible el que sean espejos objetivos de la realidad. En primer lugar sólo hablan de las personas importantes por alguna razón (los periódicos del mundo hablan diez millones de veces más de Bush que de diez millones de desconocidos americanos) y dedican mucho más espacio a lo raro, novedoso y «noticioso» que a lo importante: si una madre tortura a su hijo, probablemente sale en primera página; pero si ese día un millón de madres se han sacrificado por sus hijos, nadie habla de ellas. Si un hombre asalta un banco y mata a un policía para poder dar de comer a sus hijos, sale en la sección de sucesos; pero si diez millones de padres trabajan cada día para lo mismo, eso no es noticia.

Y resulta que cuando este fenómeno se repite todos los días, acabamos por creernos que el mundo es lo que de él nos cuentan los periódicos y la televisión. Pero en éstos pocas veces se publica lo bueno.

En resumen: que el mundo es una rara mezcla de pecado y salvación. Que es cierto que en el corazón humano hay raíces de violencia, de codicia, de egoísmo. Pero que también hay tendencias a la piedad, al amor, la compasión y la fraternidad.

Y que Dios está ahí precisamente para ayudarnos a vencer esas tendencias malas y fecundar las buenas. Y que, concretamente, Cristo vino al mundo para traernos la salvación: esa gran noticia de que Dios nos ama y que está ahí para ayudarnos.

Pero hay épocas —me dices— en las que no sabes distinguir entre el bien y el mal. Bueno, eso nos pasa a todos. A veces el bien y el mal están tan mezclados que hay que mantener limpio el corazón para poder distinguirlos. Sin embargo, junto a zonas confusas, hay otras que son muy claras: amar será siempre mejor que no amar; la paz será siempre mejor que la violencia; ayudar a quienes nos rodean, mejor que hacerles daño u olvidarnos de ellos; sonreír, mejor que enfadarse; trabajar, mejor que vaguear; trabajar bien, mejor que de cualquier manera; actuar según la conciencia, mejor que hacerlo según el capricho… Y así muchas otras cosas.

¿Y en el resto? Desde luego y sin duda: apostar por la voz interior de la conciencia, dejando que el mundo, la moda y los demás hagan lo que quieran, pero siguiendo nosotros lo mejor de nuestro corazón.

¿Y con ello se consigue la alegría? Se consigue, por lo menos, la satisfacción del deber cumplido y la paz interior. Aunque, claro, la alegría no es algo que se consiga de una vez para siempre: hay que reconquistarla constantemente, sabiendo que siempre existirán los altibajos y que habrá ocasiones en que tendremos que apoyarnos en un hombro querido porque nosotros solos no la encontramos. Para eso inventó Dios el amor y la amistad, para que todos o varios juntos consigan lo que sería titánico para uno solo.

Pero siempre sin tener miedo. Estando «seguros-seguros» de que hay gozo suficiente para todos. Porque Dios –como dice la literatura– no se dio a los hombres con tacañería.

45
UN NIÑO HA RENACIDO

Cuando hubo apenas apretado la última bombilla, Lucía se retiró dos pasos y contempló su obra, pero haciéndolo no con sus ojos, sino con los que pondría, al llegar media hora más tarde, su hijo Luisito. Veía ya su madre el estallido de gozo del niño, entre el asombro y el entusiasmo, su correr hacia el árbol como queriendo abrazarlo y comérselo. Le imaginaba mudo de sorpresa cuando, al apretar ella uno de los botones, comenzara a sonar aquel villancico que parecía nacido entre las ramas, que, al tocarlas el niño, llorarían harina como nevada. Luego Luisito –ella le conocía bien– volvería sucesivamente sus ojos a su madre y a su padre y les abrazaría las rodillas estallando en lágrimas de ternura y alegría.

El reloj del salón dio las dos y media. Era el sonido habitual del carillón, pero en aquellos días todo parecía tener ritmo navideño, acentuado tal vez por la nevada que no dejaba de caer tras los cristales, mansa y solemne, como litúrgicos. Y como aún faltaba media hora para que llegaran su marido y el niño –se habían acercado a Valladolid para comprar unos farolillos– se sentó a descansar frente al televisor.

Y fue entonces cuando apareció el rostro de aquella mujer que jamás olvidaría:

–Yo les pido que me den un corazón para mi hijo. Los médicos aseguran que no pasará de esta noche si no lo encontramos, dicen…

La voz había comenzado plana e inexpresiva, monótona, pero en cada palabra había ido cargándose de emoción, y ya las últimas apenas pudieron oírse entre sollozos.

–Dicen que si no nos llega hoy mismo un corazón…

La cámara, piadosa, se alejó del plano del rostro de la mujer y se fue a la cama, donde un pequeño de cinco años yacía, no se sabía ya muy bien, si vivo o muerto. Un respirador tapaba su boca y un entrecruzado de tubos apenas dejaba ver los ojos claros, desgarradoramente abiertos.

–Un corazón, un corazón, si ustedes pueden –repetía, terca, la voz–. Es mi hijo único. Yo quiero que viva. Que vi…

Ahora los sollozos estrangularon la palabra. Y se fundieron, a cientos de kilómetros, con los de Lucía, que ya no veía el árbol de Navidad, sino que estaba como magnetizada ante aquel lecho de hospital contemplando a un niño que muy bien podía ser, por edad y por el color de sus ojos, su hijo Luisito.

–¡Dios mío, si a mí me ocurriera algo así!

Pero agitó la cabeza espantando el pensamiento, mientras con el dorso de la mano se secaba unas lágrimas por aquella otra madre que, esa noche, no estaría para pensar en árboles de Navidad.

Fuera seguía nevando. Grupos de muchachos celebraban una batalla campal de bolas de nieve que los transeúntes trataban de esquivar. Y en los rostros de las gentes, que portaban cestos o grandes bolsas de comestibles, se pintaba un aire de fiesta como si todo, árboles, casas, personas, estuviera recién barnizado. De los comercios salían las notas del «Campana sobre campana» y los chavales del coro parroquial montaban, con el cura, un abeto gigantesco enfrente de la puerta de la parroquia.

Pero Lucía no veía ya nada de todo aquello. Era como si su imaginación se hubiera quedado clavada en aquellos dos ojos desmesuradamente abiertos que había entrevisto entre el respirador y los tubos del hospital. A la misma hora en que Dios naciera, pensaba, se cerrarían para siempre aquellos dos ojos. Esta noche, se dijo a sí misma, nadie tendría derecho a decir en las iglesias eso de

«Un niño nos ha nacido». Y se dio cuenta de que ya no podía llorar porque aquello le estaba desecando el alma.

En ese momento sonó el teléfono. ¿Lo había presentido? Corrió a casa de su cuñado y, con gritos inconexos, le pidió que la llevase a Valladolid, al Hospital Provincial, en el que, desde hacía media hora, agonizaba su hijo y estaba muy grave su marido, arrastrado el coche en el que regresaban a casa por un camión a la altura de Tudela de Duero.

Ahora no sentía nada. El corazón se había quedado detenido, como congelado. Miraba hacia delante como una estatua de piedra, sueltos al aire los cabellos con los que el viento gélido que entraba por la ventanilla jugaba como si quisiera arrancárselos. Ni ideas, ni sentimientos, nada, sólo la fosca idea de la muerte, como un muro que no te permite mirar un centímetro más allá. De cuando en cuando cruzaban por su imaginación dos ojos de niño, pero no lograba adivinar si eran los entrevistos un segundo en la televisión o los que se intentaba imaginar en el lecho agonizante de Luisito. ¡Dios, Dios, no puede ser, no puede ser! Un aullido de loba malherida se le metía lenta y silenciosamente como un cuchillo en la carne. Pero ya no dolía, porque quedaba más allá de todo dolor.

–¿Ha muerto? –preguntó al médico que la esperaba a la puerta de la UVI.

–Su marido está recuperándose.

–¿Y el niño?

–El niño, sí. El niño llegó muerto ya.

No hubiera sido mayor el desplomarse del mundo. Cayó como fulminada y durante largos minutos tuvieron que darle aire para que se recobrase. Cuando abrió los ojos estaban extraviados, como los de una loca. Mas no gritó. Un llanto manso vino a convertirse en la mejor y la más piadosa de las medicinas. Y, aun a través de las lágrimas, pudo ver la nieve que seguía cayendo tras la ventana, envuelta por los gritos de los vendedores de una cercana feria en la que una tómbola inundaba el aire a ritmo de villancicos.

Y entonces, sin pensarlo, como si viniera o saliera de otro mundo, Lucía levantó los ojos al doctor que trataba de consolarla y le dijo:

—¿Y el corazón?

La miró el médico sin entender y, con el mimo con que se habla a una loca, inquirió:

—¿Qué pasa con el corazón?

—¿Que si sirve, que si puede servir?

—¿A qué? ¿A quién?

—No sé. A algún otro niño. A esa madre que lo pedía por televisión.

Y el médico estaba aún asombrado:

—¿Y es usted capaz de pensar ahora en…?

—¡Su madre estaba tan triste!

Y después de un largo silencio:

—Con una muerte ya hay bastante.

El castillo interior, que había resistido hasta entonces, ahora se vino abajo: por su imaginación acababa de cruzar el árbol de Navidad que había dejado en casa con las bombillas encendidas y las ramas nevadas de harina. Ya nadie estallaría de gozo al contemplarlo. Y desde aquel día el silencio crecería en su casa como un mar sin orillas. Un silencio en el que, cuando más, podría imaginarse el sonido de un corazón. Pero que ya no sería el de su hijo Luisito.

Porque el corazón de su pequeño corría ya hacia Madrid en una caja de acero, y en cada kilómetro que avanzaba, hacía latir más deprisa el corazón de aquella otra madre que Lucía ni conocía, pero en el que ella acababa de replantar la esperanza. A derecha e izquierda de la carretera, como escoltando aquella caja sagrada, presentaban armas todos los abetos nevados del paisaje. De cuando en cuando, al estar alguna rama demasiado cargada, la nieve acumulada sobre ella caía como una paletada de tierra sobre una sepultura, pidiendo a la ambulancia que acelerase porque la muerte aguardaba muy cerca de aquel otro corazón de Puerta de Hierro y era necesario que no concluyera este día de Nochebuena sin que le llegase el refuerzo misericordioso de aquel otro corazón de Luisito.

Las campanas de los pueblos al borde de la carretera gritaban con sus repiques: «Es Navidad», «es Navidad». Dentro de poco los curas subirían a los altares y repetirían aquello de «nos ha nacido un niño», y, a lo mejor, hasta explicaban que este niño nacía para dar vida a los demás porque traía muchos corazones de repuesto.

Pero no todos lo entendían. Los mismos enfermeros que llevaban la ambulancia maldecían su suerte. «Este año se perdían la Nochebuena». Y no se enteraban de que jamás la hicieron tanto con sus manos. Extraño privilegio este del hombre: pasar junto a los volcanes del gozo sin enterarse.

Al entrar en Madrid las calles guiñaban pícaramente a la noche con sus bombillas. Se cruzaban grupos de gamberros con zambombas y esquilones y algún borracho trazaba eses proclamando vivas a la libertad. Muchos se apretujaban en los autobuses tras sus últimas compras. Y cuando la ambulancia se detuvo ante Puerta de Hierro, en el cielo sonaron las doce en punto de la Nochebuena. Era la hora de nacer. O de renacer. En el quirófano sólo faltaron la mula y el buey.

46

LA VIDA A UNA CARTA

En el primer volumen de las memorias de Julián Marías leo una frase que me conmueve y que comparto hasta la última entraña. Escribe después de su boda, en la cima de la felicidad, y dice: «Siempre he creído que la vida no vale la pena más que cuando se la pone a una carta, sin restricciones, sin reservas; son innumerables las personas, muy especialmente en nuestro tiempo, que no lo hacen por miedo a la vida, que no se atreven a ser felices porque temen a lo irrevocable, porque saben que si lo hacen, se exponen a la vez a ser infelices».

Efectivamente, una de las carcomas de nuestro siglo es ese miedo a lo irrevocable, esa indecisión ante las decisiones que no tienen vuelta de hoja o la tienen muy dolorosa, esa tendencia a lo provisional, a lo que nos compromete «pero no del todo», que nos obliga «pero sólo en tanto en cuanto». Preferimos no acabar de apostar por nada, o si no hay más remedio que hacerlo, lo rodeamos de reservas, de condicionamientos, de «ya veremos cómo van las cosas».

Ocurre esto en todos los terrenos. Por de pronto, la vida matrimonial. Cuando en España se discutía la ley del divorcio, yo escribí varias veces que no me preocupaba tanto el hecho de que algunas parejas se separasen como el que se difundiera una mentalidad de matrimonios-provisionales, de matrimonios-a-prueba. Hoy tengo que confesar que mis previsiones no carecían de base: en España, como en todos los países donde la ley del divorcio se introdujo, éstos no fueron muy numerosos en lo referente a la generación que se casó con la idea de perennidad, pero empiezan a crecer y no dejarán de aumentar hoy que tantos jóvenes comienzan su amor diciéndose: «Y si las cosas no van bien, nos separamos y tan amigos». Esto, dicen, es más civilizado. Pero yo no estoy nada seguro de que ese amor con reserva sea verdadero amor.

El «miedo a lo irrevocable» llega incluso a lo religioso y lo más intocable, que es el sacerdocio. En mis años de seminarista –y no soy tan viejo–, lo del *sacerdos in aeternum*, sacerdote para la eternidad, era algo, simplemente, incuestionable. Es que ni se nos pasaba por la cabeza dejar de ser aquello que libremente elegíamos. Sabíamos, sí, que había quienes fracasaban y derivaban hacia otros puertos; pero eso, pensábamos, no tenía que ver con cada uno de nosotros; era, cuando más, como un accidente de circulación, en el que no se piensa cuando se empieza un viaje y que, en todo caso, no se prevé como una opción voluntaria. Por eso a mí me asombró tanto cuando empecé a oír a algunos teólogos eso del *sacerdocio ad tempus*, eso de que uno podía ordenarse sacerdote para cinco, para siete años, prestar ese servicio a la Iglesia y luego replantearse si seguir en esa misma tarea o regresar a otros cuarteles. Me parecía, en cambio, a mí, que el sacerdocio o era para siempre o no era sacerdocio; que si la entrega a Cristo y a la Iglesia era una entrega de amor, no cabían ya planes quinquenales. Uno podía fracasar y equivocarse, es cierto, pero ¿cabía mayor fracaso que lanzarse a volar con las alas atadas por toda una maraña de condicionamientos?

Y lo que ahora más me preocupa del problema es que parece que este pánico a lo irrevocable se ha convertido en una de las características espirituales de la mayor parte de nuestra juventud y de un buen porcentaje de adultos. La gente, tiene razón Marías, no es amiga de jugarse la vida a una carta en ningún terreno; prefiere embarcarse hoy en el barco de hoy y mañana ya pensará en qué barco lo hace.

Y, repito, la más grave es que esto se está presentando como un ideal, como «lo inteligente», como «lo civilizado». ¿Con qué razones? Te dicen: todo es relativo, comenzando por mí mismo. Yo sé cómo es hoy el hombre que yo soy; pero no sé cómo seré mañana. Todos cambiamos de ideas, de modos de ser. ¿Por qué comprometerlo todo a una carta cuando el juego de mañana no sé cómo se presentará?

Y hay en este raciocinio algo de verdad; es cierto que hay muchas cosas relativas en la vida, muchas ante las que un hombre debe permanecer y en las que hasta será bueno cambiar en el futuro, cuando se vean con nueva luz. Pero, relativizarlo todo, ¿no será un modo de no llegar nunca a vivir?

En realidad, esas cosas permanentes son pocas: el amor que se ha elegido, la misión a la que uno se entrega, unas cuantas ideas vertebrales y, entre ellas, desde luego, para el creyente, su fe.

En éstas, lo confieso, mis apuestas siempre fueron y espero que sigan siendo totales. Por esas tres o cuatro cosas yo estoy dispuesto a jugar a una sola carta, precisamente porque estoy seguro de que esas cosas o son enteras o no son. Así de sencillo: o son totales o no existen. Un amor condicionado es un amor putrefacto. Un amor «a ver cómo funciona» es un brutal engaño entre dos. Un amor sin condiciones puede fracasar; pero un amor con condiciones no sólo es que nazca fracasado, es que no llega a nacer.

47

LA TRAICIÓN DE LAS ARISTOCRACIAS

En el capítulo anterior comentaba ese miedo del hombre contemporáneo a «jugarse a una sola carta» su vida. Incluso en aquellas cuestiones que considera fundamentales. Hoy es la «provisionalidad» lo que impera, el jugar guardándose siempre un as en la manga, dispuestos a cambiar de juego según soplen los vientos.

Y en éste quisiera continuar con el tema preguntándome a mí mismo si una gran parte de responsabilidad en esto no la tendrán las diversas «aristocracias» –es decir, aquellos hombres y mujeres que, por unas u otras razones, han sido colocados por la sociedad en los puntos más visibles– que, al ponerse como ley de vida ese constante cambiarse de chaqueta, se han convertido en un escándalo nacional y han traicionado su más elemental deber de ejemplaridad.

Y uso la palabra «escándalo» porque es necesario llamar a las cosas por su nombre. Y no me refiero, es claro, a los pequeños viejos escandalillos que, en realidad, molestaban sólo a los puritanos. Hoy es toda la sociedad la que empieza a avergonzarse de una gran parte de sus grupos dirigentes.

¿Cómo, por ejemplo, creerán los jóvenes en la política o en la democracia si ven a sus parlamentarios saltar de escaño en escaño como ranas inquietas? Un hombre puede, desde luego, sentirse en un momento decepcionado del partido por el que apostó, por ver que éste ya no defiende la ideología que él deseaba sostener. Pero

¿no sería, en este caso, lo ético el confesar su error, renunciar a su escaño y retirarse a sus cuarteles privados? No, hay que defender ante todo el sueldo y la apariencia, y con el mayor impudor del mundo, se «ficha» por otro club político, tal vez por ese mismo al que ayer se atacaba. Esto, ¿qué es sino traición?

¿Y qué pensar del espectáculo de esos matrimonios «superconocidísimos» que se casan y descasan como si cambiaran de pareja en un baile? El amor tiene, es cierto, caminos muy misteriosos, pero ¿quién confundiría el amor con el capricho elevado a ley al que parece que estamos asistiendo? Que esto ocurra en aquellos que –por sus niveles culturales, de educación o de prestigio social– tenían mayores obligaciones de ejemplaridad es algo que va mucho más allá de la inmoralidad de los casos concretos para convertirse en un simple cáncer social.

Y el caso número tres es la traición de quienes se llenaron la boca con las palabras «honradez», «honestidad», «austeridad» y hoy no es que se hayan entregado al deporte de ganar dinero (que es una triste escarlatina que, al parecer, pasan todos los que llegan al poder), lo grave es que parece divertirles el pasar sus excesos por las narices de aquellos a quienes engañaron.

¿Y qué pensamos –caso número cuatro– de aquellos intelectuales que se cansaron un día de trabajar en silencio y se están pasando con armas y bagajes al deporte mucho más productivo de llamar la atención y ya no publican libros, sino manifiestos más o menos explosivos, para que la prensa hable de ellos, al menos como habla de los héroes futbolísticos?

Lo grave del asunto es que, en todas estas y muchas otras historias, todos parecen olvidar su responsabilidad ante la sociedad que les ha encumbrado. No hace muchos meses José María Gironella ha escrito una interesante novela sobre la historia de un sacerdote que se seculariza y se casa. La titula *La duda inquietante*. ¿Y cuál es la duda? ¿Tal vez la de ser fiel o no a la promesa hecha a Dios? ¿Tal vez miedo a dañar a la comunidad cristiana que ha dirigido? No, el protagonista de la novela no parece interesarse mucho por Dios y menos aún por la reacción de aquellos fieles que han creído en él y en su ministerio; los únicos problemas que se plantea son los personales. Él resuelve su papeleta y que el mundo se pudra, dicho brutalmente.

No es un caso: es la filosofía imperante. Nadie parece medir el impacto social de sus actos. Y cuando todos decimos que este mundo es un desastre, nadie parece preguntarse por la partecita de corrupción que él mismo ha aportado.

En la Edad Media se habló mucho de «la traición de los clérigos», entendiendo por «clérigos» a todos los intelectuales. Hoy habría que hablar de la traición de una gran parte de las aristocracias: la del dinero, la del poder, la de la política, la de no pocos líderes religiosos, la de cuantos en el mismo periodismo no parecen preguntarse nunca no por sus errores, que todos los tenemos, sino por la sistemática frivolidad con la que elogiamos a los frívolos.

Un mundo medianamente sensato cubriría esas desnudeces con una capa de vergüenza, como hicieron los hijos de Noé con la borrachera de su padre. Pero, hoy, ¿no hemos puesto todos los altavoces al servicio de todas las traiciones sólo porque sabemos que, con ello, se venden más ejemplares?

¡Qué triste, amigos, ver cómo quienes más debieron jugarse su vida a una carta –al servicio de sus ideas o de su amor– parezcan dedicados sólo a sacarse de la manga el as del éxito o del cotilleo!

48

LOS SEMIMUERTOS

¿Somos los humanos de hoy verdaderos hombres o sólo muñones de hombres, seres sin realizar, semimuertos? Hace muchos años que me angustia esta pregunta, tal vez la más grave que hoy pueda uno plantearse. ¿Estamos vivos, realmente vivos? La cuestión me sube a la cabeza cada vez que en el metro o en la calle contemplo los rostros de los que me rodean: apagados muchos, como dormidos, vacíos. Y ya sé que no se puede juzgar a un hombre por su cara y que con frecuencia tras un rostro insípido puede ocultarse un alma ardiente. Pero ¿cuántas veces la faz es espejo del alma y unos ojos opacos son el testigo de una enorme vacuidad interior?

Y la cosa se complica cuando hablas con muchas de esas personas, que acaban confesándote que la vida no les interesa, que para ellos vivir es sólo dejarse vivir, arrastrar por las horas, porque nada les ilusiona y por nada luchan, porque se sienten jubilados anticipadamente y creen que, si han vivido, ya no tienen realmente nada más que vivir. ¿Qué son éstos sino cadáveres que vegetan, cadáveres tal vez en edades juveniles, porque ni siquiera en su adolescencia experimentan el entusiasmo y la pasión de vivir?

Todas estas ideas me han obsesionado especialmente en los días de resurrección. Yo siempre he pensado que Jesús «tuvo» que resucitar y esto no sólo por obra milagrosa de su Padre, sino por su misma fuerza interior: un hombre «tan» vivo, «tan terriblemente» vivo como estuvo Cristo no podía morir del todo y para siempre. Su pasión de vivir era mucho más poderosa que la losa del sepulcro.

Pero, ¿quién, cuántos viven con tanta tensión, tan apasionadamente? ¿Cuántos entre nuestros contemporáneos tienen el alma tan en pie? Y los mismos que hablan de que hay que vivir «a tope», ¿a tope de qué viven? ¿Están llenos de vacíos?

Naturalmente, cuando hablo de vivir no me refiero al hecho vegetal de crecer, alimentarse, caminar. Tampoco me refiero a la pura pasión animal de medrar como el tigre busca más y mejores alimentos. Me refiero a vivir como personas, a tener el alma despierta y creativa, a llenar de espíritu las horas, a tener cosas que realizar y que amar, a «ser», sencillamente, hombres.

Y me pregunto a mí mismo cuáles serían las diferencias entre un ser vivo y un ser muerto o semimuerto. Y llego a estas conclusiones. Un hombre está verdaderamente vivo cuando cumple cuatro condiciones:

1. En primer lugar, se está vivo cuando se tiene un ideal, una ilusión, una tarea que, al ser más grandes que nosotros mismos, exijan que existamos estirando el alma para llegar a ellas. Una ilusión que sólo pueda conseguirse viviendo muy tensamente hacia ella, muy concentradamente –sin dispersar energías– porque sólo así podremos acercarnos –y aun así quedándonos lejos– a su realización o logro.

2. En segundo lugar, se está vivo cuando se vive lleno la mayor parte de la vida, cuando las horas de tensión y producción son mayores que las de descansillo. Ya sé que la tensión absoluta de un hombre es imposible. Incluso los más vivos tienen aburrimientos, cansancios, días bobos. Pero esto, que el mejor hombre puede «permitirse», tiene que ser una ínfima mayoría. Y en la medida que esos descansillos, esos vacíos son más, comienza a crecer nuestra proporción de muerto en el alma.

3. La tercera condición para estar vivo es, creo yo, crecer, estar creciendo, seguir creciendo. Aquel que en la adolescencia, en la juventud, en la hombría, en la ancianidad abdica, se jubila de vivir,

cree que ya ha llegado, empieza desde ese mismo día en que se lo confiesa a sí mismo a morir.

4. La cuarta condición que nos dice si estamos vivos o no es que nos sobre suficiente vida como para entregarla a los demás. El que sólo se realiza a sí mismo se autopetrifica. No hay más vida que la que se comparte y reparte. El que no ama, no ayuda, no empuja a otros, bien puede encaminarse ya hacia el sepulcro.

Y ahora me pregunto de nuevo: ¿cuántos humanos cumplen —mejor o peor, porque yo no hablo de logro, sino de esfuerzo— estas cuatro condiciones? ¿Cuántos han ido por la vida renunciando a trozos de sí mismos, como leprosos del alma, y han crecido dejando caer ilusiones, entusiasmos, proyectos, sueños? El día que les llegue la muerte, ¿tendrá mucha tarea que hacer o deberá sólo rematar esa muerte fragmentaria que ha ido apoderándose del alma?

Ahora entiendo que muchos hombres no entiendan la resurrección. ¿Cómo podrán entenderla si no aman la vida, si temen que una resurrección pudiera ser sólo la prolongación de su aburrimiento?

¡Con lo hermoso que es vivir, seguir viviendo, irle descubriendo nuevos rostros a la existencia, encontrar su júbilo detrás de cada dolor, escalarla a pesar de lo empinada que es o precisamente porque es empinada! Sé que la muerte vendrá, pero que cuando llegue tenga que darle muchos hachazos a nuestra alma y que no necesite sólo darnos un empujón porque ya estamos podridos por dentro.

49
ADÓNDE VAMOS A PARAR

Cada vez me encuentro más personas que viven asustadas por la marcha del mundo. Son, tal vez, padres que me paran por la calle para contarme que la «juventud está perdida», que ya no saben qué hacer para defender a sus hijos del ambiente que les rodea. O son mujeres que me escriben lamentando el clima sucio que en los medios de comunicación y en las calles se respira. O jóvenes que no saben lo que quieren o adónde van. O sacerdotes angustiados porque perciben esa crecida de la angustia de sus fieles ante la crisis económica. Y casi todos terminan sus lamentaciones con la misma frase: «¿Adónde vamos a parar?».

Yo, entonces, les doy la única respuesta que me parece posible: «Vamos adonde usted y yo queramos ir». E intento recordarles dos cosas.

La primera es que, aunque es cierto que el ambiente y las circunstancias influyen tremendamente en la vida de los hombres, es, en definitiva, la propia libertad quien toma las grandes decisiones. Vivimos en el mundo, es cierto, pero cada uno es hijo de sus propias obras y, por fortuna, al final, hay siempre en el fondo del alma un ámbito irreductible en el que sólo manda nuestra propia voluntad. La historia está llena de genios surgidos en ambientes adversos. Beethoven fue lo que fue a pesar de tener un padre borracho; Francisco de Asís descubrió la pobreza en un ambiente donde se daba culto al becerro de oro del dinero; todos los intransigentes no arrancaron un átomo de alegría de Teresa de Jesús.

Hoy, me temo, todos tenemos demasiada tendencia a escudarnos en el ambiente para justificar nuestra propia mediocridad. Y llega el tiempo de que cada hombre se atreva a tomar su propio destino con las dos manos y a navegar, si es preciso, contra corriente. Dicen –yo de esto no entiendo nada– que los salmones son tan sabrosos porque nadan en aguas muy frías y porque nadan río arriba. Ciertamente los hombres –de éstos entiendo un poquito más– suelen valer en proporción inversa a las facilidades que han tenido en sus vidas.

La segunda cosa que suelo responder a mis amigos asustados que se preguntan adónde va este mundo es que «el mundo» somos nosotros, no un ente superpuesto con el que nosotros nada tengamos que ver. Si el mundo marcha mal es porque no funcionamos bien cada uno de sus ciudadanos, porque no habría que preguntarse: «a dónde va a parar el mundo», sino hacia dónde estoy yendo yo.

Porque, además, a nadie se nos ha encargado en exclusiva la redención del mundo. Sólo se nos pide que hagamos lo que podamos, lo que está en nuestra mano.

Por ello, ¿qué hacer cuando las cosas van mal? Yo creo que pueden tomarse cuatro posturas: tres idiotas (gritar, llorar, desanimarse) y sólo una seria y práctica (hacer).

En el mundo sobran, por de pronto, los que se dedican a lamentarse, esa infinita colección de anunciadores de desgracias, de coleccionistas de horrores, de charlatanes de café, de comadrejas de tertulia. Si algo está claro es que el mundo no marchará mejor porque todos nos pongamos a decir lo mal que marcha todo. Es bueno, sí, denunciar el error y la injusticia, pero la denuncia que se queda en pura denuncia es aire que se lleva el aire.

Menos útiles son aún los llorones, aunque éstos encuentren una especie de descanso en sus lágrimas. A mí me parecen muy bien las de Cristo ante la tumba de su amigo, pero porque después puso manos a la obra y le resucitó. Y me parecen estupendas las de

María porque no le impidieron subir hasta el mismo calvario. Pero me parecen tontas las de las mujeres de Jerusalén, que lloraron mucho pero luego se quedaron en el camino sin acompañar a aquel por quien lloraban.

Peor es aún la postura de los que, ante el mal del mundo, se desalientan y se sientan a no hacer nada. El mal, que debería ser un acicate para los buenos, se convierte así en una morfina, con lo que consigue dos victorias: hacer el mal y desanimar a quienes deberían combatirlo.

La única respuesta digna del hombre –me parece– es la del que hace lo que puede, con plena conciencia de que sólo podrá remediar tres o cuatro milésimas de ese mal, pero sabiendo de sobra que esas tres milésimas de bien son tan contagiosas como las restantes del mal.

El mundo no estaba mejor cuando Cristo vino a redimirlo. Y no se desanimó por ello. A la hora de la cruz le habían seguido tres o cuatro personas y no por ello renunció a subir a ella. Ningún gran hombre se ha detenido ante la idea de que el mundo seguiría semipodrido-semidormido a pesar de su obra. Pero ese esfuerzo suyo –tan fragmentario, tan aparentemente inútil– es la sal que sigue haciendo habitable este planeta.

50

UN DÍA PERDIDO

Hay una cosa de la que ya estoy seguro: que sólo salvaré mi vida amando; que los únicos trozos de mi vida que habrán estado verdaderamente vivos serán aquellos que invertí en querer y ayudar a alguien. ¡Y he tardado cincuenta y tantos años en descubrirlo! Durante mucho tiempo pensé que mi «fruto» sería dejar muchos libros escritos, muchos premios conseguidos. Ahora sé que mis únicas líneas dignas de contar fueron las que sirvieron a alguien para algo, para ser feliz, para entender mejor el mundo, para enfrentar la vida con más coraje. Al fin de tantas vueltas y revueltas, termino comprendiendo lo que ya sabía cuando aún apenas si sabía andar.

Dejadme que os lo cuente: si retrocedo en mis recuerdos y busco el más antiguo de toda mi vida, me veo a mí mismo –¿con dos años, con tres?– corriendo por la vieja galería de mi casa de niño. Era una galería soleada, abierta sobre el patio de mis juegos infantiles. Y me veo a mí mismo corriendo por ella y arrastrando mi manta, con la que tropezaba y sobre la que me caía. «¡Manta, mamá, manta!», dicen que decía. Y es que mi madre estaba enferma y el crío que yo era pensaba que todas las enfermedades se curan arropando al enfermo. Y allí estaba yo, casi sin saber andar, arrastrando aquella manta absolutamente inútil e innecesaria, pero intuyendo, quizá, que la ayuda que prestamos al prójimo no vale por la utilidad que presta, sino por el corazón que ponemos al hacerlo.

Me pregunto desde entonces si tal vez nuestro oficio de hombres no será, en rigor, otro que el de arroparnos los unos a los otros frente al frío del tiempo.

Desde entonces hay algo que me asombra: por qué querremos mucho más a los muertos que a los vivos. Cuando voy a los entierros me pregunto siempre por qué quienes acompañan ese día al muerto no tuvieron parecido interés en acompañarle cuando vivía, por qué ahora les parece mucho mejor que antes, o, al menos, por qué sólo ahora le elogian. ¿Son hipócritas? ¿O es que sólo descubrimos el amor cuando viene acompañado del dolor?

Recuerdo cuánto me impresionó hace años una frase leída en un libro de J. M. Cabodevilla, que se preguntaba: «¿Por qué el amor no hace a los hombres dichosos, pero su privación los hace desdichados? ¿Por qué la ausencia de la persona amada les hace sufrir más de lo que su presencia les hacía gozar?».

Es cierto: los hombres descubren lo que valía el amor cuando les falta, lo mismo que se enteran de que tienen páncreas cuando les duele. Mientras viven llevan el amor en el alma sin paladearlo y van dejando que poco a poco se convierta en tedio. Con lo cual sufren dos derrotas: no son felices y dejan que el amor se les destiña.

Y así es como el mundo se va llenando de solitarios, convirtiéndose en una monstruosa concentración de soledades. Por eso, en rigor, no hay más que una pregunta que deberíamos formularnos cada noche: ¿A quién he amado hoy? ¿A quién he ayudado? Sabiendo que, si la respuesta es negativa, ése habrá sido un día perdido.

51
DÉFICIT DE CONSUELO

Tal vez la cosa de la que hay mayor déficit en nuestro tiempo y en nuestro mundo es el consuelo. Consolar a quien acaba de sufrir un gran dolor es lo más difícil que existe, y nuestra civilización no está precisamente sobrada de corazón para hacerlo.

Si mis lectores me permiten una confidencia, les diré que yo me siento siempre desarmado, impotente, sin saber qué decir, ante el dolor de mis amigos. Cuando alguien sufre de veras (sobre todo cuando alguien ha sido golpeado por la muerte de un ser querido), ¿qué decir? Todas las palabras se vuelven ridículas, falsas, inútiles. Si yo me dejara llevar por mis instintos, ante el dolor me arrodillaría. Tal vez nadie entendiera ese gesto, pero sería el único verdadero.

Y es que todo dolor es sagrado. Y no uso esta palabra metafóricamente. Es sagrado, pertenece a esas entretelas del alma a través de las cuales conectamos con Dios.

Cuando en *Los hermanos Karamazov*, de Dostoievski, el *staretz* Zóssima se postra de rodillas ante Dimitri, porque olfatea que un gran dolor va a caer sobre él, hace lo que realmente debe hacerse: reverenciar el dolor, confesar ante él la impotencia de quienes no sabemos detenerlo.

También el cura rural de Bernanos entendía bien esto cuando escribía: «A mi entender, el auténtico dolor que brota de un hombre pertenece en primer lugar a Dios. Intento aceptarlo con corazón humilde, tal como es; me esfuerzo por hacerlo mío y por amarlo».

Esta sí me parece una buena postura de consuelo: ante el dolor, lo primero y lo fundamental es callar. Acompañar. Pero no malgastar palabras. Al menos no decir una sola palabra que no se sienta completamente. Ante el dolor todo suena a falso; cuánto más lo que ya es falso de por sí. Estar junto al que sufre es mejor. Tratar de asumir interiormente su dolor. Y amarle sin palabras.

En rigor, sólo saben consolar Dios y las madres. Dios, porque es el autor de todo consuelo. Y las madres, porque participan en esto muy especialmente de lo divino. Dios mismo dice en el libro de Isaías: «Quiero consolaros como consuela una madre».

Pero nosotros, que amamos tan poco, que somos tan egoístas, ¿cómo sabríamos consolar? Walter Nigg ha formulado una pregunta terrible: «¿Quién es capaz de dar consuelo en nuestros días? ¿Quién tiene tanto espíritu maternal en sí que le permita decir a una persona angustiada y desesperada una palabra luminosa, de tal modo que vuelva a brillar la luz en su alma ensombrecida?».

Hay, sí, un gran déficit de consoladores en nuestro tiempo. Los mismos sacerdotes se han desviado muchas veces hacia la psicología o la sociología y han olvidado que la ciencia no consuela, y que para eso siempre será mejor un hombre de oración que un sabio. Porque, hay que repetirlo: en rigor, sólo Dios da consuelo. Y los humanos, cuando más, debemos limitarnos a ser transmisores del consuelo divino. Pero ¿cómo transmitir consuelo allí donde no hay fe, si Dios es, en definitiva, el autor de todo consuelo? Esta sí que es la gran tragedia. En los últimos meses me ha tocado asistir a varios encuentros con la muerte en familias con fe y en familias sin ella. ¡Y qué diferente era todo! ¡Qué radical desgarro en unas y qué honda serenidad en otras! Porque ¿cómo ayudar a entender la muerte a quienes creen que tras ella no hay nada? ¡No sabe el mundo cuánto pierde cuando pierde la fe, la fe no como tapadera o tubo de escape, sino como realidad hondamente vivida! ¿No será este descreimiento la última razón de ese «déficit de consuelo» que el mundo padece?

52
LOS QUE NO PIENSAN NUNCA

Me han impresionado los resultados de una encuesta del Centro de Investigaciones Sociológicas, según los cuales un treinta y tres por ciento de los españoles no piensa nunca en el sentido de su vida; un cuarenta y dos por ciento lo hace algunas veces, y sólo un veinticuatro por ciento lo hace a menudo. Y me ha impresionado porque eso me obliga a concluir que uno de cada tres españoles son simples rumiantes. Y que sólo uno de cada cuatro puede realmente presumir de parecerse a un hombre.

Pero ¿cómo es posible que un ser humano, dotado de cabeza y pensamiento, armado de inteligencia y capacidad de discurrir, pueda pasar sobre la tierra sin preguntarse nunca qué está haciendo aquí, hacia dónde va, por qué lucha, qué sentido tienen sus pasos? ¿Es posible que alguien trabaje sin saber por qué y para qué trabaja? ¿Es imaginable que un ser adulto no inquiera nunca qué va a dejar en el mundo cuando él se muera? ¿Es, incluso, comprensible que jamás piense en su muerte y en las ilusiones que habrá cumplido o dejado sin cumplir?

Parece que sí, que es posible. Parece que hoy un no pequeño porcentaje de seres humanos prefiere vivir a pensar, o, para ser más exactos, prefiere dejarse resbalar sobre la existencia a averiguar qué sentido tienen sus horas.

Es bastante asombroso, pero se diría que el arte de pensar se considera algo propio de intelectuales, de seres distintos y especiales. Y que hubiera, en cambio, una especie de subhombres llamados a utilizar sus manos y su estómago, pero no su cabeza. Hay, por lo visto, millones de personas que jamás hicieron una pausa en su vida para pensar, en silencio, qué están haciendo sobre el planeta Tierra.

Mas hay una cosa que aún me asombra más: y es que esa misma encuesta, al explicar por qué los españoles se plantean con menos frecuencia el sentido de sus vidas que el resto de los europeos, da como razón que «los españoles se sienten más religiosamente integrados».

Aquí crece mi desconcierto. Porque es verdadero que, por un lado, el saber que Dios está ahí y nos espera, el estar seguros de que nuestras vidas vienen de Él y a Él van, disculpa, en cierto modo, de la angustia que produciría la existencia de un vacío anterior y posterior. Yo entiendo así que pensar en el sentido de su vida sea más angustioso para el ateo que para el creyente. Pero lo que no entiendo es que la fe dispense de pensar. A mí, al menos, el creer en Dios, por un lado, me tranquiliza, pero por otro me plantea más problemas, porque entonces descubro que mi vida es sagrada y que tengo que vivirla mucho más afiladamente. Si yo malversase una vida que no tuviera otro destino que la fosa, no sería una pérdida desmesuradamente grande, pero si yo despilfarro una vida eterna estaría malversando la misma eternidad.

De todos modos, lo indiscutible es que pensar en el sentido de la vida la multiplica. Vivir sin pensar la atomiza, la vuelve bagatela. Y eso es lo que me aterra en ese treinta y tres por ciento que no piensa jamás: tienen la perla de la vida en sus manos y se mueren de hambre y de vulgaridad. Así, cualquier gato o cualquier perro se vuelve más importante que ellos.

53

DECIR LA VERDAD

Me cuenta un amigo sacerdote que no hace mucho le llamaron para atender en su pueblo a un anciano campesino agonizante. Y al llegar, apenas se sentó junto a su cama, el viejo le pidió que rezase con él el Credo. Empezó mi amigo a hacerlo, con ese miedo tonto a que nos falle la memoria que todos tenemos en momentos como ése, y vio cómo el anciano le seguía hasta que al llegar al «Resucitó al tercer día» percibió cómo la mano del campesino se levantaba como pidiéndole que se detuviera un momento. Lo hizo y oyó entonces la temblorosa voz del moribundo, que preguntaba: «Resucitó, sí, pero... ¿el cuerpo dónde está?». Por el tono de la pregunta mi amigo comprendió la importancia que su respuesta tendría para el enfermo: era claro que la idea de dónde está el cuerpo del Resucitado se había levantado como un muro entre la fe y la muerte de aquel hombre. Y, con esa rapidez de relámpago con la que en esos instantes pasan las ideas por nuestras cabezas, mi amigo entendió que no podía extenderse en largas explicaciones sobre lo que dice la teología de la naturaleza del cielo, sobre los distintos que serán en el más allá los conceptos de tiempo, de espacio, de lugar. Y optó al fin por la más sencilla y la más desarmada de las respuestas: «No lo sabemos. Desde hace muchos siglos muchos sabios discuten esa cuestión y aún no nos han dado una respuesta del todo satisfactoria. Sabemos, sí, que Jesús resucitó –porque nos lo dice la Escritura y nos lo garantiza la Iglesia–, pero no sabemos dónde ni cómo está ahora su cuerpo resucitado».

Al concluir sus palabras, volvió a oír la voz del viejo, que, sin añadir un solo comentario, decía: «Puede continuar». Terminó el sacerdote el Credo, también sin comentarios, y después, a petición del anciano, le dio los sacramentos. Pocas horas después el enfermo había muerto.

Y mi amigo se sentía al día siguiente descontento consigo mismo: ¡Había contestado de manera tan torpe y vacía al viejo! Ahora se le ocurrían infinitas respuestas más sólidas, más portadoras de esperanza. Pero –pensaba– ya era tarde.

Horas después, durante el funeral, la hija del anciano se acercó a dar las gracias al sacerdote y le dijo: «Yo no sé qué le diría usted a mi padre, pero al marcharse usted él me dijo: 'He hecho una gran pregunta al sacerdote y me ha contestado muy bien'».

Ahora entendió mi amigo que las mejores respuestas son las verdaderas por débiles que parezcan. Que él no había dado una respuesta científica, que, por lo demás, tampoco él le pedía. Había dicho tartamudeando lo que sentía de verdad: que aquél era un campo en el que los hombres no hemos logrado penetrar. Y aquélla fue la gran respuesta, la auténticamente útil.

Y es que, a fin de cuentas, lo que cuenta es siempre la verdad. Muchas de las respuestas que damos a los enfermos, a los niños, son casi siempre respuestas retóricas, tranquilizadoras, con las que no tratamos de decir la verdad, sino de dejar tranquilo al que nos pregunta y conseguir de rebote que él nos deje tranquilos a nosotros. ¡Cuántas paparruchas se cuentan así a los niños o a los ancianos! Pero esas paparruchas pueden servir para salir del paso, para evitarnos en ese momento más problemas. Pero la mentira mancha a quien la recibe. Y a quien la pronuncia.

54
LA VERDADERA GRANDEZA

En estos meses de verano he tenido oportunidad de releer las obras de dos de los más grandes maestros de la historia filosófica contemporánea (Burckhardt y Huizinga) y me ha impresionado ver cómo los dos están obsesionados por dilucidar en qué consiste la verdadera grandeza, por descubrir quiénes son verdaderamente los «grandes» hombres, los que marcan con su huella el mundo en que vivieron. Burckhardt llega a conclusiones muy humildes y señala que «la auténtica grandeza es un misterio». Y sólo se atreve a decir que «grandeza es lo que nosotros no somos ni tenemos», lo que sentimos que algunos hombres tienen aunque no sepamos muy bien decir por qué.

La conclusión de Huizinga es más concreta, y bien vale la pena meditarla: «Si la grandeza es demasiado grande –escribe– y el heroísmo es demasiado teatral y el genio huele a cosa literaria y nada de esto es capaz de abarcar la plenitud del ser humano, lo único que queda es la santidad... Es el único adjetivo que se mantiene en pie cuando se trata de expresar la suprema realización de la capacidad humana. La grandeza es algo vago e inaccesible. El heroísmo y el genio encubren a menudo el delirio y la ilusión; sólo la santidad irradia una luz sin mengua».

Escribo estas palabras un poco tartamudeante, porque sé de sobra que eso de la santidad ahora no se lleva y que no es ésa la grandeza que precisamente busca la mayoría en nuestro tiempo. Incluso si esas palabras que transcribo no hubieran sido escritas por alguien tan poco clerical como Huizinga, no las habría recogido por miedo a que el lector pensara: «¿Qué va a decir este señor si, en definitiva, es un cura, y para él lo religioso es, *a priori*, la cima de lo grande?».

Las transcribo, sin embargo, porque me parecen exactísimas. Diga lo que diga el mundo, esté o no de moda la santidad, yo tengo que confesar que, como hombre, nunca encontré cimas más altas de humanidad que las de los santos, siempre, claro, que no se lean en esas hagiografías dulzarronas que tantísimo daño les han hecho.

Pero voy a añadir en seguida una puntualización importante: cuando digo que los santos son los hombres más altos y humanos de este mundo (para mí, superiores a los héroes y a los genios), no aludo sólo a los santos canonizados, a los «santos grandes», por así decir, sino también a los pequeños santos que nunca serán reconocidos como tales; a los que yo llamo «las clases medias de la santidad».

De éstos está lleno el mundo. En este verano puedo confesar que lo mejor de mis vacaciones fue la amistad del taxista que, cada dos días, me llevaba en su coche a la diálisis. Era simplemente un hombre bueno, pero cuánto iluminó mis horas. Sencillo, emotivo y cordial como buen gallego, me hizo descubrir lo que es un hombre abierto a los demás. En pocos días experimenté su cariño, su honradez sin tacha, su equilibrio interior. Todas las tardes, tras la diálisis, me esperaba con tanta emoción como lo hubiera hecho un hermano, preocupado por cómo saldría yo y respirando cuando me veía descender del hospital sonriendo. Me habló de sus hijos, de su familia con una ternura impagable. Me demostró lo que es un padre cuando me contaba cómo él y su mujer dejaron los buenos sueldos que ganaban en Alemania en el mismo momento que descubrieron que sus hijas, con la lejanía, empezaban a sentirse menos cerca de ellos. Me demostró con hechos lo poco importante que para él era el dinero y cómo se puede servir y ayudar a los demás sin alharacas.

Sí, pensé, estos hombres sostienen el mundo. Esa es la verdadera grandeza. No hace falta ser un genio ni un héroe para tener un alma con muchos kilómetros de anchura.

LA VERDAD AVINAGRADA

Cuando escucho a alguien que dice que él ha tenido tales o cuales problemas «por decir la verdad» siempre me quedo con ganas de preguntarle: «¿Por decir la verdad o por decirla avinagrada?». Y es que la mayoría de los que presumen de andar por el mundo con las verdades en la boca, lo que nunca te explican es que eso de herir a los demás con sus verdades les encanta. Y que no dicen la verdad porque la amen, sino porque se aman a sí mismos o, para ser más exactos, porque les entusiasma aplastar a los demás debajo de sus verdades.

Y es que una verdad mal dicha es media verdad. Y una verdad avinagrada tiene altísimas probabilidades de ver cerradas las puertas de la comprensión de los oyentes, pero no por lo que tiene de verdad, sino por lo que lleva de vinagre.

José María García Escudero, en un precioso ensayo, nos ha contado los grandes esfuerzos que tuvo que hacer un Menéndez y Pelayo para descubrir esta realidad. En sus obras juveniles escribió muchas cosas verdaderas, pero lo hizo, como él mismo confesaría, «con excesiva acrimonia e intemperancia de expresión». Y fue esa acrimonia y ese radicalismo lo que creó al gran escritor una fama de intransigencia que realmente él iba a superar muy pronto, con los años. Y en 1909 llegaba a esta conclusión: «Todo puede decirse con caridad y cortesía. La razón expuesta con malos modos no convence, sino que enfurece y encona. Nadie es infalible y, según nuestro dicho vulgar, todas las cosas las sabemos entre todos.

Todos necesitamos de indulgencia, y el que no la otorga a los demás, difícilmente la encontrará para sí mismo».

Me gustaría que el lector leyera dos veces estas palabras, porque cada una vale su peso en oro.

Es cierto, por ejemplo, que «todo puede decirse». Y no lo es que hay verdades que mejor es callarse. Todo puede decirse... siempre que se sepa decir. Siempre que se ame lo suficiente a la verdad y a la persona a quien se la decimos que se embadurne de caridad y de cortesía.

Nunca se insistirá bastante en esto. Una de las ideas más claras del papa Juan XXIII –y la que está en el fondo de todo: el concilio Vaticano II– es esa de que es tan importante el modo en que se dice la verdad como la verdad misma. Y puede asegurarse que de cada diez veces que una verdad es rechazada, tal vez dos o tres lo sea porque quien la escucha no quiere recibirla, pero ocho al menos lo es porque quien la dice trata de imponerla por la fuerza o de manejarla sin el suficiente amor. Una verdad tiene que encontrar el «momento» para ser dicha; el «tono» en que es servida; el «tiempo» necesario para dejarla que madure en el alma del oyente; la «sonrisa» que le sirva de introductora. Ha de conseguir, sobre todo, aquello que decía Bernanos –y que yo he citado ya varias veces en este cuadernillo–: «Hay que atreverse a decir la verdad entera, es decir, sin añadirle el placer de hacer daño». Porque si lo que queremos con nuestras razones es aplastar, imponer, demostrar qué listos somos, ¿qué esperanza tendremos de que alguien nos abra las puertas de su comprensión?

56

UN ESPÍRITU PACÍFICO

Se cumplen por estos días los veinticinco años de la muerte de Juan XXIII y yo siento en mi alma una especie de regreso a la ternura. Quien me haya leído alguna vez sabe que el papa Roncalli fue, para mí, además del sucesor de Pedro, el ser humano al que, después de mis padres y mis hermanos, más he querido en este mundo. ¡Ah, si yo tuviera la milésima parte de su corazón!

Y en estos días me he dado a mí mismo la gozada de volver a releer alguna de sus biografías y sus colecciones de cartas y escritos. Y en cada página me veía obligado a pensar: «¡Ah, si la mayoría de los hombres pensase así, amase así!». Y es que Juan XXIII, con esa asombrosa sencillez que penetró su vida, sigue siendo, para mí, uno de los mejores maestros del espíritu.

Hoy me he detenido en una página: la de su llegada a París en 1945. Acababa de terminar la guerra mundial y Francia estaba turbada, dividida. Muchos obispos y el nuncio anterior habían coqueteado con Vichy y muchas voces empujaban a De Gaulle a realizar una «limpia» en la Iglesia francesa. Y Roncalli llegaba allí con tanta fama de hombre bueno como de mediocre diplomático. Él mismo, al recibir la noticia de su nombramiento, se había llenado de asombro al saberse elegido. Ya había comentado ante sus amigos: «Se ve que, cuando faltan caballos, deben trotar los asnos».

Y en París, ¿qué camino tomar? ¿Defender con uñas y dientes el prestigio de su predecesor en la nunciatura? ¿Ceder cobardemente? El mismo Roncalli nos contaría más tarde cuál fue su táctica y cómo consistió precisamente en no emplear táctica alguna:

«Tomé las cosas con calma; paso a paso, llegada tras llegada; negocios, recepciones, palabras, silencios, y después paciencia, espera tranquila y, sobre todo, continua irradiación de espíritu sereno, suave y, si se quiere, un poco sonriente sobre cuanto pasa ante mis ojos y es digno de admiración».

¡Magnífica receta frente a los problemas! Receta que, de hecho, resolvió la mayoría de los que a Roncalli se le presentaron en París en aquellos años y que sería también definitiva si nosotros supiéramos aplicarla a la mayor parte de nuestras angustias.

Porque ¿quién no conoce momentos en que parece que el mundo se hunde sobre nuestras cabezas? ¿Y cuántas veces nuestros nervios no hacen, en esos momentos, más que multiplicar las heridas y acumular el vinagre? Si aplicásemos el «paso a paso, palabras, silencios, paciencia, espera tranquila», tendríamos en camino la mitad de las soluciones. Y mucho más si esa espera no es simplemente pasiva, sino que va acompañada por la «continua irradiación de espíritu sereno y suave» y si, incluso, eso se corona con un saber mirar «un poco sonrientes cuanto pasa ante nuestros ojos». Haciéndolo, habríamos comenzado por pacificarnos a nosotros mismos. Y con ello ya tendríamos la mitad de nuestro mundo pacificado.

57
DOS MANERAS DE HACER LAS COSAS

Ana María tiene una amiga enferma que vive en la otra punta de su ciudad. Y todas las tardes, cuando ha concluido las clases en su colegio y las faenas en su casa, toma el metro –hora y cuarto de ida; hora y cuarto de vuelta– y se va a ver y a curar a su amiga. Y es inútil insistir en que no es necesario que se tome tanto trabajo; en que ya hay otras vecinas que pueden ayudarla en su cura; en que el teléfono se inventó para algo, y basta, realmente, con una visita los fines de semana. Es inútil, Ana María se empeña en ir todos los días. Y hasta lo explica sonriendo: «No creas –dice–, estos dos meses han sido muy útiles para mí: me han descubierto que cuando las cosas se hacen con amor no cuesta nada. Y además fecunda. Mira, yo salgo todas las noches más contenta de casa de mi amiga. Cansada, claro, pero, no sé por qué mucho más alegre».

La verdad es que Ana María tiene toda la razón del mundo. Porque existen dos maneras de hacer las cosas: por obligación, y entonces son cansadas, aburridas y latosas. Y por amor, y entonces son ligeras, gozosas y fecundantes. Fijaos bien que no digo que el amor las haga soportables. Lo que digo es que con amor todo se vuelve más gozoso.

Siempre he pensado que la mayor de todas las fortunas humanas es poder hacer aquello que se ama o, como mal menor, lograr amar aquello que se hace. Un estudiante que trabaja sobre aquello para lo que tiene vocación se vuelve creativo y ardiente. Y un profesional que tiene como tarea lo que le sale de las venas del alma casi debería pagar, más que cobrar, por estar haciendo algo que ilumina su vida. Y el mundo marchará realmente bien el día que todos los humanos puedan asegurar que su trabajo es a la vez su ocio, su pasión, su vida.

Hacer, en cambio, las cosas por pura obligación, por mucho que uno se esfuerce, será siempre llevar a rastras una cadena. Y por eso la lucha de todo hombre debería ser intentar al menos amar lo que se hace cuando no se pueda hacer lo que se ama.

Y lo mismo ocurre con las relaciones humanas. Preguntadle a un enamorado cuánto le cuesta andar tanta distancia para ver a la persona de la que está enamorado, y os dirá que ni se entera del esfuerzo que hace. Porque un kilómetro con amor son cien metros, y cien metros son un kilómetro sin amor.

Lo difícil es sentir amor hacia todos, como a Ana María le ocurre. Entonces no sólo desaparece el esfuerzo, sino que se convierte en alegría. Por el contrario, cuando algo nos cuesta demasiado no es que ese algo se sitúe cuesta arriba, es que nos falta esa gasolina interior que es el amor. Trabajo que no redunda en gozo es que lo hacemos por obligación. Y uno desconfía bastante de quienes te dicen que –salvo en rachas especiales, que pueden darse sin faltas de amor– les cuesta amar a su esposa o a sus hijos. Algo se ha muerto dentro. Por eso, si tu vida te parece demasiado dura, procura no enfadarte con la vida. Mira más bien qué abandonado tienes tu jardín interior.

58

VIVIR SIN RIESGOS

Decía Gabriel Marcel que en nuestro tiempo «el deseo primordial de millones de hombres no es ya la dicha, sino la seguridad». Y es cierto: bastaría acercarse a la Humanidad de hoy para comprobar que si los hombres tuvieran que elegir entre la vida feliz, pero peligrosa, arriesgada, difícil, y otra vida más chata, más vulgar, pero segura y sin miedo a posibles crisis o altibajos, la mayoría, sin vacilaciones, elegiría esta segunda.

En cierto modo esto se entiende. El hombre contemporáneo ha sido tantas veces engañado, es tal la inseguridad en que vivimos, que la gente ha elevado esa seguridad al primer nivel de todas sus aspiraciones. Lo que debía ser algo conveniente, pero, en definitiva, secundario, se ha convertido en el *summum* de los deseos. Y, en cambio, se mira con sospecha toda vida entendida como entrega, como riesgo, como aventura. Los hombres no quieren tener el alma llena de proyectos o esperanzas. Prefieren un rinconcito abrigado y sin riesgos, en el que no encontrarán grandes ilusiones, pero tampoco grandes peligros de perder ese poco que tienen.

Lógicamente no seré yo quien discuta la necesidad que todo hombre tiene de seguridad en la vida. Lo que sí voy a discutir es esa obsesión con la que la seguridad es perseguida, esa postura del hombre actual, que preferiría vivir a medias antes que buscarlo todo con riesgo de tener un fracaso. Y es que el hombre que pone en el primer término de sus aspiraciones la seguridad ha apostado ya por la mediocridad, ha dejado que en el tejido de su alma se enquiste esa angustia que ya envenenará toda su existencia.

No hay nada más autodestructivo que el miedo. José María Cabodevilla (en su precioso libro *El juego de la oca*) ha ironizado sobre todos esos hombres que empezaron atrancando todas sus puertas para librarse de los ladrones; que después pusieron telas metálicas en todas las ventanas para huir de los insectos; tuvieron después pánico de los microbios, capaces de atravesar la retícula más tupida, pero nunca pudieron librarse de una especie animal mucho más dañina: los monstruos que dentro de su cabeza crea el propio miedo.

Contra el miedo, contra la obsesión por la seguridad, no hay otro camino que el amor a la vida, que la aceptación de los riesgos que son inevitables en la aventura de vivir, que la certeza de preferir equivocarse de vez en cuando, de ser engañado alguna vez. Todo menos autodisecarse. Todo menos dejar de vivir por miedo a que vivir sea doloroso. Y estar seguro de que quien por un entusiasmo, por una pasión, perdiera su vida, perdería menos que quien hubiera perdido esa pasión, ese entusiasmo.

59
LOS ÁNGELES NEUTRALES

Recuerdo cuánto me impresionó encontrar en *La divina comedia* la alusión que Dante hace a «los ángeles neutrales». Y durante muchos años no acabé de entender a qué se refería el poeta. Más tarde, en una edición anotada, descubrí que Dante aludía a una vieja leyenda gnóstica que sostenía que en la primera rebelión de los ángeles en el cielo, antes de la creación del mundo, hubo grupos angélicos que se situaron al lado de Satán y otros que militaron con Miguel, pero que hubo también una tercera categoría de ángeles que, al no tener muy claro si debían apostar por Dios o contra Él, se sentaron en un bordillo de las aceras del cielo, se declararon neutrales y esperaron a ver quién ganaba la batalla para irse con él. Y según la leyenda, después de que Dios castigó a los infiernos a los ángeles rebeldes, condenó también a los neutrales a purgar su neutralidad como mortales, mezclados entre los hombres. La leyenda es absolutamente imaginaria. Pero lo que no es imaginario es la presencia entre los hombres de auténticas legiones de neutrales. Es la gente que ante cualquier problema de la vida apuesta por verlas venir, por no apostar, por no decidirse, por jugar a dos palos o a ninguno. Ante lo religioso, no son ni creyentes ni incrédulos. Se dejan resbalar por la existencia. Dios se aclarará –piensan– tras la muerte, si quiere. ¿Y mientras? Mientras, ellos vivirán. Tal vez hagan algunas prácticas religiosas, porque eso no cuesta caro. O tal vez no hagan ninguna y digan que si Dios existe no va a preocuparse demasiado por lo que ellos hagan, y acabará, si es tan bueno como dicen, perdonándoles.

Y lo que hacen con Dios lo repiten en toda su vida, en su amor, en su trabajo. Ni son grandes malvados ni tienen grandes ideales. Vegetan. Ni hacen daño al prójimo ni le ayudan. Se han jubilado de vivir antes de ingresar en la lucha. Se apasionan por pequeñas tonterías que les dan la impresión de vivir. Hablan de libertad, pero jamás la ejercen. Nunca se entregan a nada, salvo, tal vez, a su propio egoísmo.

Y naturalmente, el día que se mueran irán al limbo, ya que no merecen ni la pasión entusiasmante del cielo ni la amargura del infierno. ¿Cómo van a salvar su alma si nunca la tuvieron?

Los pobres no llegaron a descubrir que de todos los errores el más grave es el de la neutralidad sistemática. Que la mejor manera de perder la batalla de la vida es no entablarla. Que es muy preferible equivocarse alguna vez a estar siempre dormido. Que uno no puede situarse siempre equidistante entre el bien y el mal, porque esa equidistancia es ya una forma de mal. Que quien no se decide a vivir, mejor es que empiece sencillamente por confesarse muerto.

60
EL GRAN TAPIZ

Hace algunos días, con motivo de los dos comentarillos que en este mismo rincón hice sobre la enfermedad, un amigo me ha enviado un ensayo de Marañón que yo desconocía y que me conmueve profundamente. Lo transcribo y comento para mis amigos.

Comienza don Gregorio subrayando que «no debe interpretarse la aceptación del dolor, y hasta el regusto buscando el dolor, como pasiva actitud ante lo fatal, sino como reconocimiento del valor divino de ese sufrir, en cuanto manantial de vida nueva y origen de nuestra protección moral».

Es algo que reiteradamente se ha dicho en este cuaderno: el dolor, el fracaso, el mal no han de ser buscados; ni siquiera basta con «resignarse» ante ellos; hay que convertirlos en lo que son: palancas para lanzar más lejos nuestra vida, cuchillos con los que afilar mejor nuestras almas, fuentes de revitalización de nuestras zonas olvidadas u oscuras.

Pero hay algo más. Por eso sigue el texto de don Gregorio Marañón: «Y como la perfección moral tiene su fórmula suprema en el amor a los demás, y como el bien que deseamos a los demás es ansia de que no sufran, el que sufre con alegría está gestando el que no sufran los otros hombres».

También ésta es una obsesión de estas páginas mías: mi dolor no sólo es fecundo para mí; lo es también para otros, también para el mundo. ¿Acaso vosotros creéis que los grandes avances del mundo los producen los poderosos, los listos, los sanos? ¿Quién de nosotros no ha recibido las mejores ayudas de gentes que saben «sufrir con alegría» o trabajar con esperanza?

Pero ahora quiero copiar también un tercer párrafo de Marañón que es a la vez desconcertante y conmovedor: «En este mundo que queremos explicar con nuestros pobres sistemas filosóficos y cuyo sentido verdadero sólo conoce Dios, es posible que ocurran cosas tan extrañas como el que el hallazgo de una droga que suprime una jaqueca o la intuición de un acto quirúrgico que alivia un sufrimiento intolerable no sea otra cosa que una lejana respuesta, plasmada ya en hechos tangibles en el alambique del tiempo, a unas horas de arrebato de un san Juan de la Cruz, cuando se complacía en sufrir, en apariencia por fruición de sufrir, pero, en realidad, para comprender mejor el dolor de los demás».

Pido al lector que lea un par de veces este párrafo y que piense después en su autor. Porque Marañón era un científico, y aquí estamos ¿en el terreno de la poesía?, ¿en el de la magia?, ¿en el de la mística? Y planteémonos las preguntas que de ese texto se derivan: ¿Acaso mi alegría de hoy ha sido ganada por alguien a quien desconozco? ¿Mi lucha de esta tarde repercutirá tal vez en el progreso del mundo dentro de medio siglo?

Los cristianos, a eso, lo llamamos «comunión de los santos». Porque creemos que nadie está solo. Que todos sostenemos a todos. Que el mundo es como un gran tapiz cuya urdimbre completa sólo descubriremos al otro lado de la muerte. Tal vez este hilo que pongo yo hoy en el tapiz está dibujando una figura cuyo dibujo yo nunca veré.

61
CURA DE CIELO LIMPIO

Uno de los santos de mi particularísimo calendario es Ana Frank, la chiquilla judía que, en medio de los horrores de la última guerra mundial, supo elevar, en su precioso diario, uno de los más impresionantes monumentos a la esperanza humana. Perseguida, aterrada, encerrada en los estrechos límites de una diminuta buhardilla –que yo tuve la fortuna de visitar hace muchos años en Amsterdam–, aquella muchacha supo dominar su miedo y descubrir las últimas raíces de fe en la condición humana.

Y hay algo que me impresiona muy especialmente en ella: supo encontrar en la diminuta ventana de la buhardilla la salida hacia el milagro del cielo limpio, del aire puro, de la suave belleza de la naturaleza tangible. Eso que nosotros apenas sabemos ver.

Porque, curiosamente, Ana Frank se ha convertido en símbolo del hombre contemporáneo hasta en eso: encerrada ella por la persecución de los nazis, encerrados nosotros por nuestra rutina, vivimos todos prisioneros del cemento y del ladrillo, sin otro horizonte que las casas que un día levantaron enfrente de la nuestra, condenados a no ver –o no saber ver– un árbol, un trozo de cielo abierto.

¡Qué importante era para Ana Frank aquel panorama sobre los tejados de Amsterdam que podía divisarse desde su ventanuco! «Contemplar el cielo –dice en su diario–, las nubes, la luna y las estrellas me tranquiliza y me devuelve la esperanza, y esto no es, ciertamente, imaginación. La naturaleza me hace humilde y me prepara para soportar con valor todos los golpes».

«Mientras esto exista –dice en otra página del diario– y yo pueda ser sensible a ello –este sol radiante, este cielo sin nubes– no puedo estar triste».

Efectivamente, en una gran ciudad es mucho más difícil estar alegre que a campo abierto. Al racionarnos el cielo y el aire libre, nuestra civilización nos ha vuelto tristes y cortos de alma. A base de ver sólo cemento, también el corazón se solidifica.

También esto lo intuyó muy bien Ana Frank cuando escribió: «Para el que tiene miedo, para el que se siente solo o desgraciado, el mejor remedio es salir al aire libre, encontrar un sitio aislado donde pueda estar en comunión con el cielo, con la naturaleza y con Dios. Sólo entonces se siente que todo está bien así y que Dios quiere ver a los hombres dichosos en la naturaleza, sencilla pero hermosa. Mientras esto exista, y sin duda será siempre así, estoy segura de que toda pena encontrará alivio, en cualquier circunstancia».

Sí, es cierto: «Dios quiere ver a los hombres dichosos en la naturaleza». Por eso la tristeza es como un pecado. Por eso el asfalto, la contaminación, el ruido son enemigos de Dios. Y una ventana abierta hacia un cielo limpio es una cura de salud. Y tal vez una gracia.

62

SANGRAR O HUIR

Esta es la historia de una mujer de unos cuarenta años que estudió ATS pero apenas llegó a practicarlo. La boda y los cuatro hijos que tras ella vinieron la alejaron del mundo de los hospitales. Pero ahora, mayorcitos ya sus muchachos, ha querido regresar a su vida laboral y está atravesando una gran crisis emocional: se ha topado –después de unos años felices– con la realidad sangrante de la vida.

«Al escribir todos los días –me dice en su carta– tantos informes y ver tantos niños con tumores y jóvenes con enfermedades cerebrales sin solución, no sé qué camino tomar. El más fácil es dejar de trabajar para no sufrir. Pero sé que Dios está siempre en mi vida y me ha puesto ahí para que lleve una vida más cristiana, más auténtica. Ya sé que lo fácil es ir a misa los domingos y rezar. Pero también sé que puedo ayudar a los demás, procurar animarles y darles esperanza. Eso es lo difícil: buscar el camino de la esperanza».

Creo que no necesito decirle a esta amiga que ella ha elegido perfectamente bien. Que lo humano y lo cristiano es quedarse y no huir. Que lo cómodo sería regresar al refugio de su hogar y no palpar la sangre que este mundo chorrea. La esperanza no es, no puede ser, una fuga. No se tiene esperanza por haber cerrado los ojos y dedicarse a chupetear la propia felicidad mientras el mundo rueda.

En las páginas de este cuaderno he hablado muchas veces de alegría. Pero no me gustaría que nadie entendiese que yo predico el gozo por el gozo, el fabricarse una torre de cristal en la que uno se aísle de la sangre del mundo. La vida –lo repetiré una vez más– es hermosa, pero no fácil; es alegre, pero cuesta arriba; es apasionante, pero no acaramelada. De la alegría de la que yo suelo hablar es esa que hay detrás del sudor o del dolor. Hay que tener mucho cuidado de no confundir el optimismo con la morfina o la esperanza con el egoísmo.

Pero si uno se sumerge en la realidad y la realidad es tan dolorosa como es, ¿cómo podrá evitar que ese dolor no termine asaltando su propia alma, que la esperanza vaya progresivamente envenenándose y que uno termine habitando en la amargura?

Sí, éste es un gran riesgo. La visión del dolor acaba con frecuencia dominando nuestros nervios y convirtiéndonos en unos rebeldes gritadores más. Pero me parece que ahí es donde se muestra el coraje de las almas. Los santos, los grandes ayudadores de la Humanidad, fueron los que supieron convivir con la amargura sin amargarse, chapuzarse en el dolor sin que su alma dejara de apuntar como una flecha hacia la luz. Eso fue, en definitiva, lo que hizo Cristo.

Claro que para eso hace falta una gran humildad: saber que nuestro trabajo mitigará, cuando mucho, un cinco por ciento del dolor que nos rodea. Y aceptar que eso es ya una gran tarea. Mil veces más humana y cristiana que encerrarse en la dulce Babia de los que huyen a la comodidad.

63
EL DETALLE

El verdadero amor –aunque el romanticismo nos haya enseñado otra cosa– no se expresa por grandes gestos, por entregas heroicas, por sacrificios espectaculares, sino por la pequeña ternura empapada de imaginación. Por eso que en castellano denominamos con tanto acierto «los detalles».

Por eso a mí lo que más me preocupa es cuando una mujer me dice que su marido «no tiene nunca un detalle». Eso es signo de que ese matrimonio o esa familia está siendo invalidada por el aburrimiento, que es la carcoma del amor. En cambio, un detalle, un pequeño detalle inteligente, puede llenar más el corazón que el más espléndido de los regalos.

Si los lectores me permiten que les cuente una historia personal, les hablaré de algo que hace pocos días me ha emocionado profundamente. Es un detalle, un pequeño y ternísimo regalo que me ha conmovido más que un collar de perlas o que una obra de arte.

Hace algunas semanas regresé de mi pueblo natal, Madridejos, un pueblo en el que, aunque sólo viví allí los primeros meses de mi existencia, me siento más en mi casa que en ninguna otra parte. Recorrer sus calles me puso en carne viva el corazón. Y me conmovió más que nada el descubrir que, aun habiendo pasado cincuenta y muchos años que mi familia lo abandonó, existen todavía personas que me hablaban de mis padres con un cariño inexplicable.

Entre las cosas que en mi visita hice fue la más importante la de buscar la casa en la que yo nací y hacerlo acompañado de la hija de una mujer –Librada se llamaba–, y yo recordaba haber oído hablar de ella muchas veces a mi madre, que hizo de niñera de mis primeros pasos y cuya hija –esta María que ahora me acompañaba– jugó mil veces conmigo y con mis hermanos en mi primer año de vida. ¿Puede quererse tanto a alguien a quien no se ha visto desde hace cincuenta y muchos años? Jamás hubiera podido imaginármelo hasta comprobar cómo me llenaba de besos, en los que besaban más que al hombre que soy, al niño que fui.

Pero el detalle viene ahora: días después de mi visita a Madridejos recibo un sobre abultado en el que María me manda toda una colección de fotografías de la casa en que yo nací. Se ha tomado la molestia de llevar un fotógrafo para que yo pueda tener los recuerdos que en realidad no tenía: el pasillo por el que di mis primeros pasos, la habitación en la que nací, el balcón en el que vi por primera vez la luz del mundo.

¿Cómo no conmoverme? ¿Quién hubiera podido encontrar para mí un mejor detalle? ¿Cómo a un corazón tan sencillo se le pudo ocurrir un regalo tan fino, tan hondo y entrañable?

Esto me parece que es el verdadero amor: tener despierta la ternura, saber que el verdadero valor de las cosas no es el dinero que cuestan, sino la entraña que tienen dentro. ¡Ah, si siempre los hombres supiésemos querer así! María tal vez no lo sospecha, pero en esas fotografías me ha devuelto un pedazo perdido de mi corazón.

64

LOS BUENOS NEGOCIOS

El taxista que hoy me trajo al periódico demostró ser un pequeño filósofo. O, por lo menos, un buen observador de la vida. «Yo –me decía– conozco si el viajero que ha montado en mi taxi está bien o mal de dinero sólo con oír su voz». ¿Y cómo se las arregla?, le pregunto. «Es que –me dice– la gente a quien las cosas le van mal, los que están parados o en peligro de estarlo, hablan con la voz apagada, cansina. Llevan la tristeza o el paro en la voz. En cambio, aquellos a quienes les funciona bien el bolsillo tienen la voz firme y alegre, miran sin temores a la vida».

Me he quedado pensativo cuando abandoné el taxi. ¿Es cierto que el dinero preocupe hasta tal punto a los hombres que condicione hasta el tono de su voz?

La cosa se complicó cuando, días después, leía yo un delicioso libro (*El retrato de la confianza*, de Carlos Moreno) en el que cuenta que algo muy parecido le ocurrió a él. Cruzaba un día un semáforo riendo y feliz al recordar qué buenos chavales eran sus hijos, cuando un taxista detenido ante el semáforo le soltó: «Bien van los negocios, ¿eh amigo?». Carlos no entendió y preguntó al taxista qué quería decir: «Que las cosas del bolsillo le deben ir a usted bien, cuando se ríe». Cuando el taxi arrancó, Carlos se quedó pensando que en realidad las estaba pasando canutas en lo económico. Y que el único negocio que en realidad le iba bien eran sus hijos, su negocio, su mejor negocio.

Lo tremendo de la historieta es que la gente piense que la única razón por la que uno puede reírse es que funcione bien la cartera. ¡Como si no hubiera en la vida mil razones mejores y más altas para reírse! Pero, por lo visto, para la gente de hoy la única alegría seria es que a uno le toque la lotería, le suban el sueldo o funcionen los negocios.

¿Y todos los otros negocios? Que la gente te quiera, que uno esté haciendo un trabajo que le gusta, que uno se sienta en gracia y gloria de Dios, que los hijos crezcan sanos, que estés haciendo algo que sirve a los demás, que a uno le zumbe en la cabeza esa música que tanto le gusta, haber leído un libro enriquecedor, ir a ver a un amigo, haber dormido bien, que te haya florecido una planta, que haga sol, cosas como éstas y cien mil más, al parecer, no serían motivos suficientes para ir riéndose por la calle.

¡Qué poco se ríe la gente por las calles! Caminamos todos como si acabásemos de tragarnos una espada, serios, solemnes, aburridos, como si la vida se nos hubiera indigestado. Escatimamos la sonrisa como si fuese carísima. Y si alguien se ríe por la calle pensamos que o está loco o le ha tocado la Loto. Si la Humanidad rebañase lo que chorrea por las caras de los transeúntes por las calles podría poner una tienda de vinagre. Y mientras, la vida tiene millones de cosas ante las que uno podría sonreír... sin que nadie se entere. ¡Lástima!

UNA NIÑA DA GRACIAS

En el colegio, a las niñas les han explicado el valor de la vida, el gozo de respirar, de existir. Y Mari Nieves –nueve preciosos años–, en la redacción que después de la clase les han puesto, ha escrito una oración. Una oración que transcribo con su ingenuo lenguaje:

«Te agradezco mis palabras, mi mirada y mi idea. Te agradezco todo eso porque de ti fue la idea, tú me creaste a tu gusto. Me hiciste así, como me pensaste, no importa cómo fuera, lo que importa es que estoy aquí. Vivo, siento, río y me entristezco. Es lo necesario, lo importante. Lo que yo tengo es mío y me gusta. Gracias por ser yo y porque vivo. Gracias. Sólo eso es necesario para que yo me sienta muy, pero que muy feliz».

Me pregunto si tantos adultos habrán llegado a descubrir esto que Mari Nieves conoce ya a los nueve años: que no hay nada comparable con el gozo de existir y de existir tal y como somos, con nuestros problemas, con nuestras zonas oscuras o luminosas, con el alma que nos inyectaron al nacer.

Es demasiado asombroso que los seres humanos gocen o sufran por miles de minucias y puedan vivir sin enterarse de la verdadera fuente de su gozo. Existir, ésa sí que es lotería. Y existir tal y como somos, únicos y diferentes, roto nuestro molde cuando nosotros nacimos. ¿O acaso me cambiaría yo por otra persona tal vez más hermosa, o más sana, o más lista, pero no yo? Yo aspiro, naturalmente, a «sacar de mí mi mejor yo», pero no experimento la menor necesidad de cambiarme por nadie. Porque mi alma me gusta. Aunque sólo sea –como Mari Nieves dice– porque es la mía, la que me hace ser el que soy y como soy.

No se puede ser feliz construyendo sobre sueños o imaginaciones. Yo sólo seré feliz «sobre» lo que soy, sacando el máximo de jugo del hombre que soy. No debo pelearme con mi espejo. Sólo después de aceptarme como ser humano y de descubrir que esto es ya más que suficiente, encontraré la posibilidad de ir estirando –lentamente– mi alma. Si yo tratase de afeitarme por las mañanas mirando en el espejo de al lado la cara de mi vecino, lo más probable es que llenara la mía de cortaduras. Es con mi alma con la que tengo que vivir. Y no hay almas de primera y de segunda división. Hay, sí, almas cultivadas y dormidas. Y ésa es mi tarea: no «cambiar de alma», sino «cambiar mi alma». No mendigar lo que no soy, sino afilar, tal vez, vivir descontento por ser como soy, como me voy haciendo.

La verdad es que sobre la tierra de mi alma –aunque no fuera muy grande, aunque estuviera construida sobre piedra, aunque en ella fueran muy abundantes los cascotes del dolor– hay espacio más que suficiente para construir un buen castillo. Y si no hay más sitio que para una chabola, también en una chabola se puede ser feliz. Porque basta un rinconcito de alma para encontrar la alegría. Basta –como diría Mari Nieves– para ser «muy, pero que muy feliz».

66
EL BAÚL DE LOS RECUERDOS

Recibo una serie de calendarios que han editado sobre el tema de la ancianidad los religiosos camilos, que tienen entre sus preocupaciones las de asistir e iluminar a los mayores. Y en estos calendarios, con graciosos dibujos de Nando, se dicen cosas muy sabrosas sobre esa etapa de la vida a la que antes o después –y ojalá llegue– nos acercamos todos.

Un tema importante. Porque, asombrosamente, este siglo XX nuestro, por un lado, «produce» más ancianos que nunca –gracias al venturoso alargamiento de la vida favorecido por la medicina–, y por otro, parece valorarlos menos que nunca. En este siglo de idolatría de la juventud (que va también unida para ellos con el espanto del paro) los viejos parecen estar de más. Y hay gentes que les miran como echándoles en cara el no haber tenido la delicadeza de morirse antes.

Por fortuna, no todos piensan así. Y hay gentes que empiezan a descubrir que la ancianidad (o la tercera edad, como otros dicen) es simplemente una etapa más de la vida, tiempo que hay que llenar de jugo y actividad como cualquier otro.

Por eso me encanta este calendario en el que, bajo el eslogan de «un anciano es mucho más que el baúl de los recuerdos», se pinta a un viejo que escribe en una mesa en cuya parte derecha hay un pequeño montoncillo de papeles que dice «memorias» y a cuya izquierda hay también un enorme montón de sobres, folios, informes en una batea que dice «proyectos».

Es absolutamente cierto: el hombre empieza a disminuir el día en que sus recuerdos son más que sus proyectos, el día en que empezamos a mirar más hacia el pasado que hacia el futuro, el día en que nos autoconvencemos de que nuestra tarea en el mundo ya está concluida.

Es la peor jubilación de todas: la que alguien se impone a sí mismo. Un hombre está realmente vivo en la proporción de las ilusiones que mantiene despiertas. ¡Y hay tantos ancianos que no parecen tener más ilusión que la de ir tirando! Tirando, ¿qué? ¿Tirando su vida?

Tengo la impresión de que nuestro tiempo ha luchado más por prolongar la vida de los humanos que por conseguir que esa prolongación sea gozosa. Y hay que añadir años a la vida. Pero es mucho más importante añadir vida a los años. ¿De qué serviría añadir tres o cuatro lustros si no sirvieran más que para seguir remasticando el baúl de los recuerdos?

Pero me aparece que aún hay otra cosa peor en nuestro tiempo: la gente a la que le encanta la ancianidad, pero no los ancianos; los que –sobre todo los políticos– hablan mucho de la tercera edad, pero no soportan al abuelo que tienen a su lado. A quien hay que querer y ayudar es a las personas y no a las entelequias.

Lo malo del asunto es que a los ancianos (con sus inevitables manías y carencias) sólo puede quererseles con verdadero amor. Y entonces, en un mundo en el que crece a galope el egoísmo, ¿qué futuro nos espera a quienes seremos los ancianos de mañana o pasado mañana?

67

UN SILLÓN DE RUEDAS

Los jueves por la tarde, en las pequeñas pantallas de la televisión alemana, aparece un joven rostro de mujer cargado de simpatía, un bonito pelo rubio, unos ojos verdes, una sonrisa tímida, una voz perfectamente adaptada para el programa juvenil que presenta.

Cada mañana el cartero deja varias docenas de cartas en el buzón de Petra Krause. Son misivas de admiradores que la escriben enamorados de su sonrisa. Porque su rostro es hoy uno de los más conocidos en Alemania occidental.

Lo que hasta hace poco no sabían los televidentes alemanes es que Petra Krause presenta su programa desde una silla de ruedas, ya que es paralítica en la mitad inferior de su cuerpo. Y sólo hace muy poco han conocido la verdadera historia de esa sonrisa que a todos cautiva.

Es la historia de una de tantas muchachas vacías que fueron rebotando por la vida de fracaso en fracaso hasta convertir su existencia en un largo hastío que terminaría en el más amargo de los desenlaces: el intento de suicidio arrojándose desde la ventana de su cuarto, en un quinto piso.

Pero, al parecer, alguien no quiso que Petra muriese, tal vez para explicar al mundo que una muchacha que no encontraba el sentido de su vida mientras todo le sonrió en realidad y mientras la salud habitaba su cuerpo, iba a encontrar ahora ese sentido cuando –paralítica, rota la espina dorsal en su caída– todo parecía verdaderamente terminar de cerrarse para ella.

Y es que un joven actor, Peter Vogel, que casualmente la conoció en el hospital, se empeñó en explicar a Petra que la vida no era negra y que basta con empeñarse en encontrar la felicidad para lograrlo. Pero ¿de qué iba a servir ahora Petra, cuando ya sólo sería una carga para cuantos la quisieran?

Peter se atrevió a proponer algo que parecía completamente inverosímil: lo mejor de Petra era su sonrisa, pues habría que utilizarla. No podría usar sus piernas paralizadas, pero siempre podría sonreír. Y precisamente las presentadoras de televisión eran las profesionales de la sonrisa.

Y el 2 de febrero de 1982 la Norddeutscher Rundfunk, de Hamburgo, presentó a sus telespectadores un nuevo rostro, sin explicar para nada a su público las circunstancias que a Petra rodeaban. Y nadie lo notó, gracias a un hábil manejo de las cámaras. Y pronto los buzones de Petra comenzaron a llenarse de cartas de admiradores.

Ahora la televisión alemana ha contado el desenlace de cuento de hadas de la historia. Petra es la señora de Peter Vogel y es una muchacha que no sonríe ya por oficio, sino porque es feliz, porque es amada, porque pinta y juega al ping-pong, porque hace un oficio que le gusta. Porque ha descubierto que la felicidad no es algo que alguien nos mete un día por la ventana de nuestra casa, sino algo que construimos cada mañana y cada tarde con la sonrisa y el esfuerzo diarios.

68

LA ENFERMEDAD

I

¿Ha pensado usted alguna vez en ese dato tremendo que certifica que nada menos que tres millones de españoles pasan al menos una vez al año por los hospitales, y no como visitantes ocasionales, sino como enfermos con dolencias más o menos largas? ¿Y ha pensado que, si a esa cifra se suman los que pasan sus enfermedades en sus propias casas, el número de enfermos cada año en nuestro país supera los siete millones de personas?

La enfermedad, amigos, está ahí. Es una parte de la naturaleza humana. En definitiva, todos somos enfermos o ex enfermos o aspirantes a enfermos. Y lo asombroso es que, de niños, nos enseñan todas las reglas matemáticas que no usaremos nunca y jamás nos dicen una palabra sobre esta asignatura que, antes o después, todos cursaremos. ¡Tal vez por eso los humanos están siempre tan indefensos ante el dolor! ¡Quizá también por eso, al enfrentarnos a él, lo multiplicamos en lugar de curárnoslo!

La experiencia personal y el trato con muchos enfermos me ha descubierto que hay –hablando muy en síntesis– cuatro posturas ante la enfermedad:

–La rebeldía con nervios. Es la postura más común. El enfermo se desconcierta ante la llegada del dolor. Reacciona contra él como un chiquillo rebelde. Increpa al cielo, se pregunta a sí mismo, multiplica su tensión interior. Con lo que añade a su enfermedad física una segunda enfermedad que acaba siendo más grave que la primera: la angustia.

–La segunda postura (casi siempre consecuencia y desenlace de esta primera) es el derrumbamiento con amargura. El enfermo se entrega. Ve a la enfermedad como un monstruo al que él no vencerá jamás. Y se precipita en la negatividad de la amargura. La angustia va progresivamente convirtiéndose en un deseo de muerte que sólo a ella conduce.

–La tercera postura es la de algunos cristianos que también se derrumban ante el dolor, pero que, en lugar de derrumbarse en la amargura, lo hacen en la resignación. Se resignan a los deseos de Dios. Estos son algo más positivos, porque siempre es mejor entregarse en brazos de otro que en la negación. Pero es también una postura nada despertadora de las energías vitales del alma. Olvidan éstos que entregarse a Dios no es entregarse a la inactividad espiritual, sino entregarse a la fuerza de su amor.

–Por eso yo prefiero la esperanza a la resignación. La esperanza es activa, ardiente. Y debe comenzar por la aceptación, la aceptación serena de la enfermedad como una parte de la vida; como una parte que es limitadora –¡no llamemos bien al mal!–, pero no sólo limitadora: la enfermedad tiene rostros buenos, la posibilidad de despertar «otras» fuerzas del alma con las que ni contamos.

Así, el «enfermo positivo» es aquel que ni se resigna ni se derrumba. Se dispone más bien a sacarle jugo a sus limitaciones, a despertar «esa otra» alma que tal vez tuvo dormida, seguro de que «poner en marcha esa otra alma» será, a la vez, la mejor de las medicinas.

II

Nunca insistiré bastante en lo distinto que es tomar una enfermedad con un planteamiento positivo o negativo. El enfermo negativo planta a la enfermedad *ante sí*, como el enemigo al que debe odiar y combatir, sabiendo que es como un obstáculo macizo, insuperable, invencible. El enfermo positivo coloca a la enfermedad *dentro de sí*, como un avatar de su vida, como una *prueba*, una dificultad que debe vencer, pero de la cual pueden salir también a la corta o a la larga algunos beneficios. Para este enfermo la enfermedad no es sólo un mal, sino una ocasión, una apuesta, un reto. Al colocar la enfermedad dentro de sí, la hace, en cierto modo, suya. Y esto provoca una llamada a las muchas fuerzas vitales que el enfermo posee y que tal vez estaban dormidas, precisamente porque no las necesitaba. Este deseo de luchar y vivir comienza por producir un relajamiento interior; el espíritu se tranquiliza, se sosiega, al no pensar que está vencido de antemano. Y ese mismo apaciguamiento le hace ver la enfermedad como un camino, como «su» camino. Más cuesta arriba que los que hasta ahora conoció. Pero, en definitiva, un camino por el que debe y puede andar.

Vuelvo a subrayar que no estoy hablando de una resignación pasiva, de un «no hay más remedio que aguantarse», sino de una postura creativamente esperanzada: «Puesto que tengo que vivir así, voy a hacerlo lo más intensamente que pueda».

Nunca será bastante lo que insistamos en esa necesidad de distender, de dilatar el alma. El miedo a la enfermedad nos agarrota. Y, al agarrotarnos, nos desvitaliza. Y lo mismo que un nadador agarrotado, con los músculos crispados, envarados, tensos, no aprenderá a nadar hasta que se relaje y consiga unos movimientos flexibles, así un enfermo perderá buena parte de sus energías para combatir la enfermedad si no logra relajar su espíritu y superar esa crispación espiritual que produce el miedo o la rebeldía ingenua frente a la enfermedad.

Pobre del enfermo que no descubra que él tiene en sus manos por lo menos la mitad de su curación o, si ésta fuera imposible, de la forma de llevar su enfermedad lo más vitalmente posible. La alegría interior es la mejor terapia. La paciencia activa vale por varios médicos.

Tendrá también el enfermo que cuidar sus conversaciones sobre la enfermedad. Si la pinta como insoportable cuando se la explica a los amigos, acabará siendo de verdad insoportable. Si, en cambio, sin caer en frases de puro color rosa, sabe decir que su enfermedad es dolorosa o latosa, pero que tiene fuerzas para poder llevarla, él mismo se experimentará tan bien como está diciéndolo. Debe difundir curación, e irá curándose o, por lo menos, haciendo llevadero su problema.

Si a todo se añade un entregarse confiadamente en las manos de Dios, entonces, claro, miel sobre hojuelas. Entonces descubrirá que este abandono se torna creador, sanador, iluminador. Porque Dios cura y fortalece a las almas. Y un alma curada es medio cuerpo en vías de curación.

LA «MOJIGATA»

Entre las muchas cartas que recibo de gente joven hay una que me ha impresionado. Es de una muchacha granadina, y he aquí algunos de sus párrafos:

«Me encuentro un poco desengañada con respecto a esta vida, pues creo que quizá soy demasiado idealista como para estar con los pies en la tierra, dados los tiempos que corren. Me encuentro con un mundo en el que lo que importa es el materialismo, el goce, la satisfacción del propio cuerpo. Pocas personas dan valor al amor o, al menos, yo no he tenido la suerte de cruzarme con ellas.

En los últimos meses he conocido ya a varios chicos que me han pedido el teléfono, que he empezado a salir con ellos y que, en seguida, lo que te proponen es acostarse contigo, porque, según ellos, ésta es la primera etapa del conocimiento mutuo. Dicen que es muy importante para enamorarse de un persona cómo 'funciona' en este tema, y perdone que sea tan realista en mis palabras, pero son exactamente las que ellos emplean.

Estoy perpleja ante todo esto. Porque, en cuanto dejo ver cómo soy, cómo entiendo la vida o el amor, me llaman mojigata, desfasada o carca. Porque yo pienso que lo más bonito que puede tener esta vida, el enamorarse, la conquista del otro por medio de detalles, de momentos, si quiere hasta de romanticismo, y todo eso para llegar a comprenderse y a aceptar cada uno la realidad del otro, todo eso no parece ser valorado por nadie. A veces le confieso que hasta dudo de si estaré yo verdaderamente en un error y necesite un cambio de mentalidad.

Bien sabe Dios que no me gustaría vivir sola, creo que sirvo para compartir mi vida con otra persona, casarme y tener hijos, pero creo que, tal y como hoy se concibe el amor, me voy a quedar más sola que la una».

He querido transcribir gran parte de esta carta porque me parece tremendamente representativa de lo que hoy sienten –y sufren– muchos jóvenes. Hemos predicado en los últimos tiempos tanto la exaltación de la carne (que es, evidentemente, una parte o un complemento de la plenitud del amor entre hombre y mujer) que son muchos los que no sólo quieren comenzar a construir la casa por el tejado, sino que, además, acaban confundiendo el amor con el disfrute físico.

¿Se equivocan los que siguen pensando que el amor es algo más, mucho más? Evidentemente, no. Pero les toca hoy vivir la cuesta arriba de construir su existencia contra corriente.

A pesar de todo, amiga granadina, no eres tú quien debe cambiar. No es que tú seas mojigata, es que has tenido la mala suerte de encontrarte hasta ahora con cómodos o frívolos. Te aseguro que no habrías ganado nada regalando tu cuerpo como un helado y mediocrizando tu alma. Espera. Por fortuna, sigue habiendo en el mundo gente que cree en el amor. Aunque es cierto que ahora hay que buscarla con candiles.

70
EL TRANSISTOR EN EL CUERNO

De todos los recuerdos que me traje de un viaje a África, tal vez el más vivo fue el de aquel campesino que, en Uganda, araba con un buey viejísimo de uno de cuyos cuernos colgaba un pequeño transistor. El campesino estaba casi desnudo. Su arado era de madera, antediluviano. El buey que, medio dormido, tiraba de él tenía todo el aire de estar mal alimentado. Pero del transistor salía una musiquilla de los penúltimos imitadores de los Beatles.

Me impresionó, ya digo, ver a este hombre que parecía extraído de la Edad Media, que araba con un instrumento anterior a los romanos y que sólo se había modernizado en lo menos importante: sólo por el transistor era ciudadano del siglo XX.

Me temo que la imagen es menos extraña de lo que a primera vista me imaginé. Porque tengo la impresión de que muchos de mis conciudadanos –que presumen de europeos y modernísimos– sólo han llegado a nuestro siglo por todo lo accidental, mientras tienen la cabeza, el corazón, el alma en quién sabe qué siglo pasadísimo.

Tal vez la gran tragedia de nuestro mundo es la irregularidad del progreso: avanzó espectacularmente en lo material, mientras el alma se le quedaba atascada. Nos hemos llenado de electrodomésticos, de automóviles, de máquinas. Mientras el corazón está parado. Incluso es posible que hayamos progresado vertiginosamente en conocimientos técnicos, pero que, al mismo tiempo, estemos retrocediendo en el conocimiento de la vida.

Miguel Delibes –que es en esto, y en muchas cosas, uno de los profetas de nuestro tiempo– lo ha denunciado en muchas de sus novelas. En *El disputado voto del señor Cayo* hay un campesino semianalfabeto que da «sopas con honda» a los ilustres cretinos que llegan de la ciudad en todo lo que a la «verdadera vida» se refiere. Ellos saben de política, de coches; él sabe del mundo, de la naturaleza, de la realidad. Ellos, cuando hablan, dicen palabras, pero «no hablan de nada». Él tiene tesoros de sabiduría en cada una de sus sentencias.

Por eso sería bueno que de vez en cuando nos preguntásemos quiénes son verdaderamente los «cultos» en nuestro mundo; quiénes están realmente vivos y quiénes dan sólo apariencias de vivir.

Preguntad a la gente por qué no leen, por qué no piensan, por qué no cultivan ni el diálogo ni la amistad, y os contestarán, como si se hubieran puesto de acuerdo, que trabajan tanto que «no tienen tiempo para nada». Y no se dan cuenta de que esa «nada» para la que nunca tienen tiempo es, en realidad, lo único importante, lo auténticamente enriquecedor.

Pero qué queréis: la gente lo que quiere es estar «al día», y se cree que está «al día» si tiene en su casa el último cacharro que se ha inventado. Y no descubren que son como el campesino que yo vi en Uganda: siguen viviendo como hombres medievales y se creen modernos porque llevan un transistor en el cuerno.

71
LA CORRUPCIÓN SECRETA

A lo largo de los cincuenta años de mi vida he repensado muchas veces algo que me decían en mis años adolescentes –que el mal produce tristeza y el bien alegría– y siempre he llegado a la conclusión de que eso es verdad según y cómo. Y he pensado que hay que matizar mucho esa alegría y esa tristeza si no se quiere caer en las trampas ingenuas que tiende cierta literatura piadosa y ciertos consejeros con más buena voluntad que amor a la verdad.

Pronto experimenté –por mi propia experiencia y la de mis amigos– que es cierto que un joven limpio, al encontrarse con el mal, desemboca en seguida en una profunda tristeza, en una gran sensación de vacío o de fracaso. Piensa, como Adán, que la fruta prohibida era hermosa antes de ser comida, pero que pronto descubre la desnudez de quien la ha comido.

Pero también descubrí pronto que yo no veía tristes a los pecadores y a los libertinos. Al contrario: rebosaban satisfacción, parecían haber encontrado una plenitud en el mal, se sentían como poseedores de sí mismos. Tal vez porque la costumbre es una gran sordina. Y al mismo tiempo descubría que la vida en Dios era crucificante; que llevaba, sí, a la alegría, pero sólo muy tarde, sólo cuando se había conseguido una cierta madurez en el alma.

Por eso, a veces, yo sentí «envidia» de los malos. Parecían los triunfadores de este mundo. Llegaban, con sus trampas, más fácilmente al éxito mientras que el jugar limpio suponía un mayor esfuerzo y, con frecuencia, la derrota ante las zancadillas.

Con el tiempo empecé a entender aquello que decía Julien Green, de que «el pecador vive en un nivel superficial de sí mismo» y que, por tanto, puede convivir feliz con el alma, sin percibir que «el mal cometido penetra más hondo, hasta una zona del ser, cuya corrupción sólo con un profundo conocimiento de sí mismo se percibe». Y, al mismo tiempo, fui descubriendo que la alegría del bien tampoco se gusta hasta que se logra un cierto nivel de adultez y que sólo entonces es el mayor gozo de este mundo.

Por eso me impresionaron las lúcidas palabras de san Gregorio: «Los bienes materiales, cuando no se conocen, parecen los más preciosos de todos. Los bienes espirituales, por el contrario, mientras no los gustamos, parecen irreales. Los goces materiales, una vez experimentados, sólo a la larga muestran el vacío que ocultan. Mientras que las realidades espirituales, una vez vividas, se muestran inagotables».

Me parece que el juego limpio con los jóvenes obliga a decirles esto: el bien es caro, pero magnífico. El mal es barato, es incluso agradable en la superficie del alma y, desgraciadamente, se puede vivir con él sin que su corrupción se perciba. Pero está ahí. Y, antes o después, desintegra el alma.

72
LOS HUÉRFANOS

Cuando uno se pregunta por el desasosiego en que viven tantas personas tiene que llegar a la conclusión de que es exacto el diagnóstico que trazara Pessoa: el hombre moderno, al nacer vacío de ideales, es un huérfano. Creo que aún no nos hemos dado cuenta de la tragedia que supone un mundo sin fe; tragedia no sólo desde el punto de vista religioso, sino desde el simplemente humano.

Los hombres de generaciones anteriores, incluso los que no tenían una fe muy viva, sabían que algo les esperaba, tenían un «para-qué» en sus vidas. Hoy lo dramático es el altísimo porcentaje de personas que nunca se preguntan «para qué» viven. Incluso los creyentes. Son muchísimos los que se dejan resbalar por la vida, sin otro objeto que vivirla, sin otra meta que su propia y pequeñísima felicidad de hoy.

«Un barco –escribía Pessoa– es un objeto cuyo fin es navegar; pero su fin no es navegar, sino llegar a un puerto. Nosotros nos encontramos navegando, sin la idea del puerto al que deberíamos acogernos».

Es ciertísimo: son muchísimos los hombres que viven para vivir, sin más. Que creen que su vida no va a ningún sitio, ni tiene ningún objeto fuera de su misma vida. Navegan hacia nada. Creen que lo que era provisional –la travesía– es lo definitivo. Y así viven entregados en exclusiva a sí mismos, con lo que, al vivir, se van disminuyendo.

Muchos se han dedicado a la conquista simple de lo cotidiano. Y lo cotidiano puede llegar a ser, con suerte, dulce, pero, desde luego, es insatisfactorio a la larga.

«Otros, como no encuentran una tarea dentro de su alma, la buscan fuera y se entregan –sigue diciendo Pessoa con palabras que son un terrible retrato de tantísimos jóvenes actuales– al culto de la confusión y del ruido, creyendo vivir cuando se oyen, creyendo amar cuando chocan con las exterioridades del amor».

Es cierto. Estamos insatisfechos porque vivimos en la cáscara de nosotros mismos. Y las cáscaras no alimentan.

Por eso, tercamente, repito en estas líneas que no hay más problema que el de encontrar las razones de vivir, y que esas razones tienen que estar forzosamente fuera de nosotros mismos. Tenemos que vivir para algo. Tenemos que vivir para alguien. Y mejor si ese Alguien se escribe con mayúscula plenificadora.

Nuestro barco tiene que ir a algún puerto. Cuenta, sí, la travesía, y ojalá sea hermosa. Pero la travesía no se justifica por sí misma, sino por su final. Sin esperanza, todo nuestro pequeño trabajo de hormigas con palitos se queda en eso: en un estéril esfuerzo animal.

Porque es dramático todo huérfano. Pero lo es mucho más aquel que teniendo padre no se ha enterado de ello.

73

LAS MANOS

Cada vez me convenzo más: la verdadera inteligencia está en las manos. Lo que vale es lo que se hace, aunque lo que se haga sea malo o mediocre. Lo inteligente no es tener sueños, proyectos. Lo inteligente es aplicar las manos a una tarea y realizarla. Un solar puede servir para edificar en él un palacio o una catedral. Pero un solar nada sirve por sí solo. Es el palacio –bonito o feo– o la catedral –hermosa o mediocre– los que cuentan.

Digo todo esto porque conozco demasiados perfeccionistas que se pasan la vida soñando maravillas que jamás empiezan y que, por miedo a no hacerlas suficientemente bien, las dejan siempre para mañana.

Pero, evidentemente, la obra peor es la que no se hace. Lo que se hace queda, por lo menos, hecho. Será pobre, pero existe. Una planta en un tiesto no es un bosque frondoso, pero es una planta. Y basta para alegrar una habitación y el alma de quien la mira.

Por eso yo creo en la gente que produce mucho más que en la que charlatanea y sueña; muchísimo más aún que la que se limita a criticar a los que hacen.

El otro día leí en una pequeña revista una serie de consejos para cambiar el mundo. Y después de dar muchos que podían ser discutibles, aportaba uno que me pareció imprescindible: «No critiques, no sueñes, haz algo».

Sí, eso es. Resulta muy fácil estar descontento con la realidad social, civil, religiosa. No es demasiado difícil tener los planes perfectos para realizarla. Pero lo difícil y lo importante es poner las manos a la tarea de mejorarla.

Ya se sabe que –como decía Pessoa– «todo cuanto hacemos en el arte y en la vida es la copia imperfecta de lo que hemos pensado hacer». Pero la copia más imperfecta de lo que soñamos es lo que nunca hacemos.

Yo entiendo que un muchacho diga: «Tengo cerrados los horizontes de mi vida». Puede que sea verdad con referencia al ideal de esos horizontes. Pero habría aún que preguntarle: ¿Tienes de veras cerrados… todos los horizontes? Yo esto no lo creo. Siempre hay horizontes abiertos, tal vez horizontes parciales, provisionales, incompletos. Pero, en todo caso, mejor es caminar hacia horizontes parciales que sentarse a vegetar o tumbarse a dormir y soñar.

Todas las puertas de la vida nunca se cierran al mismo tiempo. El problema está en si debemos rompernos la cabeza contra la puerta que se nos ha cerrado o si, en cambio, deberíamos antes mirar, no sea que haya al lado otras puertas que pudieran estar abiertas. Emperrarse en entrar por la que nos han cerrado puede ser una forma de comodidad para no seguir buscando otras que pueden estar abiertas. Personalmente pienso que un hombre tozudo y valiente encuentra siempre alguna por la que pasar.

Por eso creo ante todo en las manos, en las manos que trabajan. Ellas son la verdadera inteligencia humana.

74
EL TAPAAGUJEROS

Recibo con frecuencia cartas de personas que se preguntan por qué tolera Dios que el mundo marche mal, por qué no remedia los dolores de la gente, por qué no hace nada.

Una madre me escribe hoy con una letanía de preguntas: quiere tener fe, pero no logra entender a Dios; quiere rezar, pero a veces deja de hacerlo porque ese montón de cuestiones se lo impide. «Si Dios sabía el principio y el fin de este amargo mundo —me dice—, ¿por qué lo hizo así? ¿Por qué comemos sólo un tercio de los humanos? Él sabía que somos malos y egoístas, ¿por qué no nos hizo mejores? ¿Por qué deja que los inocentes sufran? Es difícil tener fe viendo cómo están los drogadictos y sus familias. ¿Por qué lo consiente? ¿Es que tengo que estar toda la vida creyendo en Dios y no comprenderlo? ¿Por qué no arregla el mundo de hoy a mañana?».

La carta de esta señora —aunque comprendo su angustia y sé que hay problemas que nunca acabaremos de entender— me preocupa, sobre todo porque refleja hasta qué punto están difundidos dos espantosos errores: la confusión de Dios con un tapaagujeros, la no aceptación de la libertad humana y, como consecuencia de los dos, el cómodo echarle a Dios las culpas que tenemos nosotros. Ahora resulta que, en lugar de sentirnos avergonzados quienes comemos por tres, le echamos a Dios la culpa de que no coman los otros dos tercios. Ahora resulta que tendría Dios que cambiarnos, cuando cambiar es el primero de nuestros deberes.

Dios, ciertamente, no es el tapaagujeros que deba pasarse la vida cerrando los que nosotros abrimos. Y resulta que si Él nos hubiera hecho «más buenos», es decir, incapacitados para ser malos, ya no seríamos buenos en absoluto porque seríamos marionetas obligadas a la bondad. La bondad es el resultado libre del esfuerzo de quien, pudiendo ser malo, no lo es. Y no es cierto que Dios haya hecho malo al hombre: le ha dado un infinito potencial de bondad, aunque también haya respetado la libertad de ese hombre —como cualquier padre hace con su hijo— aceptando el riesgo de la equivocación.

¿La solución entonces? La solución, señora, es que usted y yo seamos buenos y luchemos por que los demás lo sean. Pero ¿y Dios? ¿Él no tiene nada que hacer? Claro, y ya lo ha hecho: nos ha hecho a usted y a mí y a todos los demás para que luchemos por el bien.

Y no me pregunte: ¿Qué tengo que hacer para que mis hijos sean cristianos y les guste la misa? Es muy simple: hágales usted cristianos, consiga usted demostrarles que el cristianismo vale la pena, demuéstreselo con su vida, explíqueles con hechos que la misa es imprescindible para usted y que de ella saca todo el cariño para amarles. Y respete luego su libertad como Dios hace con nosotros. Pero, sobre todo, no le eche usted a Dios las culpas que nosotros tenemos. Demasiado cómodo, ¿no le parece?

EL PECADO ORIGINAL

Volviendo a ver el otro día *El milagro de Ana Sullivan*, me llamó de nuevo la atención aquella escena en la que uno de los personajes, al ver cómo los esfuerzos de la maestra se estrellan en la cerrazón mental de la pequeña ciega sordomuda, dice: «Pero ¿usted nunca ha sentido el desánimo? ¿Nunca se ha dicho: esto es imposible?». A lo que la maestra responde: «Ése es el pecado original: desistir».

No sé si la respuesta es muy teológica. Pero es ciertamente muy verdadera y humana. Uno de los grandes pecados de los hombres es el desaliento, el tirar nuestras esperanzas por la borda al primer o al tercer choque, el sentirnos un día desanimados tras una cadena de fracasos y decirnos a nosotros mismos: «No hay nada que hacer, esto es imposible».

El día en que esto hacemos hemos empezado a mutilar nuestra alma, que nunca vivirá entera con las alas cortadas. El que desiste de luchar, el que se resigna a cualquier fracaso, ya está condenado a no llenar su vida, a dejarla a medias.

Y es terrible comprobar que a los más de los hombres les escasea más la constancia que la inteligencia. No es que muchos carezcan de dotes para triunfar. Tienen inteligencia, tienen capacidades para hacerlo. Pero tal vez les falta eso que es lo más decisivo de todo: la constancia, la perseverancia, el tesón inquebrantable. Porque un hombre medianamente inteligente, pero tenaz, vale muchísimo más que otro inteligentísimo, pero veleta.

Confieso que yo nunca he estado muy conforme con ese tono negativo y despectivo que el diccionario añade a muchos adjetivos castellanos: obstinado, terco, tozudo, cabezudo, contumaz, emperrado, porfiado, testarudo, persistente... Son, es cierto, negativos cuando se trata de encerrarse en las propias ideas o cuando uno se niega a revisarlas. Pero son, en cambio, positivísimos cuando se refieren al coraje de mantener la apuesta por la vida, a la constancia en luchar por aquello que se ama.

Me parece exactísimo aquello que decía Luis Vives de que «la constancia y la tenacidad son los principales puntales para un hombre que quiere triunfar». Yo he repetido ya alguna vez que me impresiona el saber que los buscadores de petróleo tienen que excavar un promedio de 247 pozos para encontrar uno que les resulte rentable. Y no se desaniman por su cadena de fracasos. Siguen buscando, porque saben que un solo pozo fecundo vale la larga serie de búsquedas estériles. ¿Y la vida de un hombre valdría menos que un pozo de petróleo? ¿Y el encuentro de un verdadero amor sería menos rentable?

La verdad es que, en la vida común, los más se desaniman al tercero, al quinto fracaso. Tiran la toalla. Concluyen que no hay nada que hacer.

Tal vez sea cierto. Tal vez nuestro pecado original sea el desaliento. Quizá es eso lo que hace que haya más fracasados que triunfadores.

76

EL DIAGNÓSTICO
Y EL TRATAMIENTO

Una de las cosas que menos me gustan de nuestro tiempo es la tendencia a confundir el diagnóstico con el tratamiento. Hablas con la gente y, quien más, quien menos, todos saben perfectamente qué tripas se le han roto a nuestro mundo, te dicen con exactitud cuál es tu enfermedad. Pero Dios te libre de aplicar los remedios, el tratamiento que te recetan.

Voy a ver si me aclaro con algún ejemplo. Los sociólogos de nuestro tiempo —que son algo así como la quintaesencia de eso que llamamos modernidad— te dicen que los españoles hemos padecido cuarenta años de represión sexual. Y hasta aquí, posiblemente, aciertan. Pero lo malo es que luego siguen: «Para curarlo hay que dar ahora a los españoles sexo a manta». ¿Y qué resulta? Que quitan a los españoles la represión sexual y la sustituyen por la obsesión por el sexo. Algo así como si un médico te dijera: «Querido amigo, voy a cambiarle a usted su horrible dolor de cabeza por un precioso dolor de muelas». O como si te curasen un catarro inyectándote virus de sarampión.

Esto ocurre en muchísimos campos de la vida: un día un muchacho te dice: «Mis padres no me entienden. Solución, me voy de casa». Otro te dice un vecino: «Yo en misa me aburro. Solución, la dejo». Un compañero de trabajo comenta: «Los políticos me han decepcionado. Solución, me inhibo de todo lo social y común». Un adolescente arguye: «El futuro está muy difícil para los jóvenes. Solución, no estudio. ¿Para qué?».

En todos los casos, la solución sería la contraria: si algo va mal, tendré que trabajar más, esforzarme más, intentarlo otra vez. Pero adoptamos la más cómoda de las respuestas: tirar la toalla, abandonar la lucha.

El problema se complica cuando confundimos la naturaleza del hombre con sus enfermedades, sus desviaciones. El otro día me decía un cura: «Está visto, el hombre moderno carece de capacidad de entender la oración, o los milagros, o la gracia. Por eso yo he decidido hablarles sólo de las virtudes naturales. Esforzarme simplemente por que sean buenas personas». Yo le argüía: ¿No estarás confundiendo la naturaleza del hombre moderno con sus enfermedades? Si es incapaz de entender el sobrenatural, ¿no será eso una enfermedad de la que deberemos curarle, en lugar de una naturaleza a la que tenemos que resignarnos? A un hombre no podemos pedirle que vuele, porque eso va contra su naturaleza. Pero a un hombre con el alma dormida lo que tenemos que hacer es despertársela, porque ese sueño del alma es un vicio y no un fallo de su naturaleza.

Por eso yo nunca me resigno cuando alguien me dice: «Mire, es inútil. Yo nací vago, o agresivo, o huraño, o envidioso, o inestable». ¿Estás seguro, le pregunto yo entonces, de que todo eso es parte de tu naturaleza nativa? ¿No será más bien una desviación surgida de tu egoísmo o tu comodidad?

No es difícil hacer el diagnóstico de lo que le pasa al mundo o a nuestra alma. Pero en lo que hay que acertar es en el tratamiento, en los remedios que hay que aplicar. Y el primero de todos siempre es el mismo: luchar y no resignarse a una supuesta naturaleza desviada.

BATIR UN RÉCORD

Me parece que la mayor parte de la gente no es feliz porque, en lugar de dedicarse a vivir, a lo que se dedican es a batir récords. Tiene razón José María Cabodevilla cuando asegura que los hombres «hemos creído que el éxito consistía en adelantar al resto de los jugadores. La consecución de la meta ha sido reemplazada por la persecución del competidor».

Es exacto. Y ocurre en los deportes como en la vida. Un saltador no quiere saltar mucho, aspira a saltar un centímetro más de los que saltó el poseedor del récord. Un equipo de fútbol no se preocupa por jugar bien, lo que le interesa es meter un gol más que su contrario. Y en la vida, tres cuartos de lo mismo. La gente no quiere vivir bien, aspira a vivir mejor que sus vecinos. Y así es como la vida se nos va convirtiendo en un torneo de envidias. El portero de la fábrica envidia al director porque tiene más dinero y vive mejor. El director de la fábrica envidia al gerente porque tiene una mujer guapísima. El gerente envidia al jefe de negociado porque le gana siempre al ajedrez. El jefe de negociado envidia al jefe de personal porque tiene unos hijos preciosos y que funcionan de maravilla en los estudios. El jefe de personal envidia al joven recién ingresado en la empresa porque liga como nadie en las discotecas. El joven recién ingresado envidia al portero porque no da golpe, mientras a él lo traen como una peonza. Y así es como todos envidian a todos. A todos les falta lo que desean. Y, como a todos les falta lo que desean, creen que no pueden ser felices, ya que gastan más tiempo en soñar lo que les falta que en gozar de lo que tienen.

Sí, se diría que la gente no aspira a ser feliz, sino a llegar a la felicidad antes y por caminos más floridos que sus compañeros o competidores. No importa tanto llegar a la meta como ser los mejores y más rápidos.

Pero luego resulta que la verdadera felicidad consiste en disfrutar de lo que tenemos, en sacar el máximo de punta a nuestra propia alma y no en pasarse la vida soñando utopías.

Si la gente tuviera conciencia de las cosas que tiene, todos se sentirían millonarios. Si nos entregásemos a saborear lo que nos ha sido dado en lugar de luchar como perros por lo que nos parece tan imprescindible, a lo mejor dejábamos de necesitar todo eso que ambicionamos.

En realidad, en la vida no hay caminos buenos y caminos malos. Lo que hay son buenos y malos caminantes. «No hay –lo dice también Cabodevilla en su *Juego de la oca*– viajes maravillosos. Lo que hay son viajeros maravillados». Y así es como hay personas que son felicísimas haciendo una pequeña excursión a la sierra vecina, mientras otras bostezan dando la vuelta al mundo. Y hay quienes son felices con cuatro perras y quienes nunca se cansan de desear. Mingote lo contaba en un chiste reciente, dibujando a un niño feliz que, en una caja de cartón, veía tanques, coches de bomberos, autobuses y coches de fórmula-1, junto a otros chavales que, sin imaginación, ningún placer sacaban de sus sofisticadísimos juguetes. Porque, en conclusión, la única riqueza es nuestra alma, y basta ella sola para llenarnos de felicidad.

LA RATA SIN ESPERANZA

He leído no sé dónde que, según lo prueban repetidos experimentos científicos, una rata enjaulada a la que se le cierra varias veces la salida por la que intenta escapar termina por rendirse, por arrinconarse y por dejarse morir de desesperación, incluso si, luego, se le deja abierta la puerta por la que podría escapar. Muere, así, por desesperanza, incluso antes que por hambre y agotamiento.

Me temo que esta rata desesperada sea el símbolo de tantos hombres que un día, cansados de luchar, se acurrucan, se enroscan sobre sí mismos y viven en la esterilidad de la desesperación, negándose a seguir viviendo, seguros de que la vida no tiene ya salida para ellos.

Pero a mí me parece que el hombre no es una rata. Y que su verdadera grandeza es poder usar la terquedad, saber que nunca-nunca-nunca están todas las puertas cerradas mientras estemos vivos. Atreverse a creer en lo que yo he llamado alguna vez la «humilde omnipotencia» de la esperanza. Es cierto: el hombre no lo puede todo, pero, armado de un coraje esperanzado, lo puede casi todo, es pequeñamente omnipotente. Desanimarse es ceder a la animalidad. Ser hombre es, precisamente, estar seguro de que eso es larguísimo, siempre estirable, porque los recursos de lucha de la Humanidad son mucho mayores de lo que cualquiera de nosotros puede imaginar.

Yo tengo un gran cariño a ese libro estupendo –que no sé si sigue leyendo ahora la gente– que es el *Diario de Ana Frank*. Cada vez que releo sus páginas me impresiona el coraje de esta niña que, sumergida en el espanto de la guerra mundial y en el drama de su condición de judía, supo, ya que no sobrevivir, sí llenar de alegría el tiempo que estuvo entre nosotros. Me admira su capacidad para encontrar fuerza en las cosas más pequeñas:

«Para el que tiene miedo, para el que se siente solo o desgraciado, el mejor remedio es salir al aire libre, encontrar un sitio aislado donde pueda estar en comunión con el cielo, con la naturaleza y con Dios. Sólo entonces se siente que todo está bien así y que Dios quiere ver a los hombres dichosos en la naturaleza, sencilla pero hermosa. Mientras esto exista, y sin duda será siempre así, estoy segura de que toda pena encontrará alivio en cualquier circunstancia».

«Cuando yo miraba afuera y contemplaba directa y profundamente a Dios y a la naturaleza era dichosa, completamente dichosa… Se puede perderlo todo, las riquezas, el prestigio, pero esta dicha dentro de tu corazón sólo puede, a lo sumo, oscurecerse, y siempre volverá a ti mientras vivas. Mientras levantes los ojos al cielo sin temor tendrás seguridad de ser puro, y volverás a ser dichoso pase lo que pase».

Me gustaría repetir estas cosas veces y veces a tantos amigos míos que han perdido –por razones mucho menores que las de Ana– la esperanza. Repetirles que el hombre no es una rata acobardada. Asegurarles que todo laberinto tiene una puerta de salida. Gritarles que en cualquier circunstancia, incluso en el mayor abandono, hay en el hombre luz suficiente no sólo para sobrevivir, sino también para ser feliz.

79
LA PIRÁMIDE

¿Sabría usted sentarse a la mesa y dibujar sobre una cuartilla la pirámide de su vida? ¿Podría precisar cuál es, con exactitud, su escala de valores? ¿Podría dar cuenta de dónde está el verdadero centro de su alma y cuáles son, en cambio, sus suburbios?

No estoy formulando preguntas retóricas, sino cuestiones que todo ser medianamente vivo debería poder responder sin vacilación alguna. Pero lo asombroso es que la mayoría de los humanos vivimos sin habernos planteado jamás cuestiones que deberían ser elementalísimas: ¿Qué es para mí el prestigio? ¿Qué importancia doy, de hecho, al éxito? ¿Qué significa el dinero en mi escala de valores? ¿Antepongo mi trabajo a mi familia? ¿Qué ocupa mayor parte de mis energías vitales: mis ideas o mi prójimo? ¿Qué me dolería más perder: mis esperanzas o mis amistades?

Planteo todo esto al hilo de una lectura de Charles du Bos. Porque hay un momento en la vida del escritor francés en el que descubre que se está produciendo un giro, una mutación en su escala de valores. «Hasta ahora –dice– mi trabajo se cernía sobre mí; ahora yo me cierno sobre mi trabajo». Y descubre que «el prestigio y el valor del prestigio han ocupado un puesto demasiado importante, desproporcionado», en su vida. Y que debe instaurar una nueva pirámide de valores en su existencia, porque quiere que, en el futuro, estén «Dios en la cumbre; después, su mujer y su hijita; en seguida, inmediatamente después del amor a los suyos, mas por encima de su trabajo, la esfera inmensa de pertenencia al prójimo y no menos las tareas nacidas de la comunidad».

Este «giro» de valores es normal –y obligado– en todo hombre medianamente consciente. Que en la juventud uno idolatre el éxito es casi inevitable. Que uno conceda en los comienzos de la hombría un valor desproporcionado al prestigio, también parece cosa normalísima. Ya empieza a ser enfermizo el que alguien –a cualquier edad– coloque el dinero o la comodidad por encima de sus ilusiones. Pero lo que es realmente grave es que uno llegue a los treinta años sin descubrir que el prójimo es –y debe ser– el centro de cualquier alma que no quiera estar vacía. Pero ¿qué porcentaje de humanos tiene de veras –de veras– su centro en «la esfera inmensa de pertenencia al prójimo y a la comunidad»?

Me temo que por eso hay tan pocos hombres. Y es que «allí donde está tu tesoro, allí está tu corazón». Y los más tienen su corazón en tesoros de oropel. Trabajan tanto que, al final, ya no saben por qué ni para qué trabajan. Su oficio les oprime, en lugar de realizarles. Pesa sobre ellos, se cierne sobre ellos, en lugar de ser ellos quienes dirigen y se ciernen sobre su trabajo. Creen que luchan por algo y son simples robots.

Por eso me parece tan importante el comenzar a aclararse –ya desde la juventud– cuáles son los verdaderos ejes de nuestra vida. Porque, si invertimos la pirámide de las cosas importantes, acabaremos aplastados por su propio peso.

80
HÉROES DE NUESTRO TIEMPO

Cada vez me llama más la atención el comprobar que todos los héroes literarios o cinematográficos de nuestro tiempo son seres muy eufóricos o muy angustiados, o exaltados, o excitados, crispados por un exceso de vitalidad o de desasosiego; en ningún caso, en cambio, se pinta a los grandes personajes de hoy como seres equilibrados, maduros, de psicología sólida y dominada.

Esto resulta aún más visible cuando observas en la televisión a los héroes que los jóvenes admiran, sus cantantes preferidos. Uno no puede menos de sonreír al verles retorcerse mientras cantan, como si acabase de darles una corriente eléctrica a través del micrófono, agitándose como drogados, aullando con los gestos y las voces. ¿Son sinceros en sus aspavientos? No, desde luego; hacen comedia; sus gestos espasmódicos están perfectamente estudiados porque forman parte de la máscara convenida. Así, agitándose, retorciéndose, parecen más jóvenes, o más vivos, o más no sé qué. Luego, cuando terminen de cantar, volverán a ser personas normales. Vestirán en privado del modo más gris. Pero la máscara pública, en vestidos y en estilos, es la agitación, el melodrama gestual.

¿Por qué todo esto? Por de pronto, porque el equilibrio no está de moda. Se considera «moderación», y la moderación se confunde con el aburguesamiento. Hay que ser raro, detonante, llamativo, para triunfar. Y eso se transmite a todos los campos de la vida pública: pobre del escritor que no hace dos o tres piruetas al mes, no venderá un libro. Pobre del artista que muestre un rostro de hombre feliz. La felicidad –en este mundo agitado– ni vende ni triunfa. Los héroes de nuestro tiempo son los neuróticos.

Charles Moeller lo señalaba en un diagnóstico perfecto: «Esa falsa personalidad, hecha de crispación, de desasosiego, de angustia ante la posible pérdida de lo que tenemos, es una enfermedad del mundo moderno». Es cierto, parece que nos hubiesen impuesto a todos la obligación de vivir angustiados, tensos en el mal sentido de la palabra. La gente confunde la serenidad –¡qué gran virtud!– con la apatía; la calma, con falta de espíritu juvenil; el sentido común, con aburguesamiento.

Y tal vez es un poco de sentido común lo que más falta a la gente de nuestro tiempo, un poco de ironía para sonreír ante tanta neurosis postiza, un poco de madurez para no confundir la vitalidad con el baile San Vito.

La verdadera personalidad es, me parece a mí, lo contrario a esa neurosis exhibicionista. Grande es para mí quien ama el silencio, quien trabaja sin desalientos, quien espera preparándose sin ruido. Grande es el que tiene el corazón abierto y disponible, el que no necesita aturdirse con ruido, el que cree que en la vida no se regala nada y hay que construírselo todo con el terco trabajo sin ruido. Es decir: grande es para mí exactamente lo contrario a esas marionetas que salen en la televisión agitándose como epilépticos.

81
DETRÁS DE LA SOLEDAD

En las cartas que con frecuencia me escriben amigos desconocidos son muchos los que terminan confesándome que viven en una dramática soledad. Y me impresiona comprobar que la mayoría añade esta frase: «Estoy solo porque nadie me quiere».

A todos estos amigos yo les contesto con un mismo diagnóstico: Si usted, al comprobar su soledad, se pregunta: ¿cuántos me quieren?, probablemente no saldrá usted nunca de la soledad. Para vencer la soledad hay que formularse otra pregunta: ¿a cuántas personas quiero yo? Por ahí, comenzando a dedicarse a amar a otros, en lugar en angustiarse mendigando ser querido, puede tener una cura la soledad.

No estoy diciendo –no sería justo generalizar– que todos los solitarios sean egoístas y que se hayan ganado a pulso su soledad. Conozco la sucia ingratitud de muchos hombres y sé que hay soledades inmerecidas. Pero, en todo caso, sigo creyendo que si uno se obsesiona por «ser querido» y se olvida de «querer», las posibilidades se multiplican.

Y es que, aunque parezca mentira, el corazón no se llena cuando uno es querido, sino cuando se tiene mucho amor que repartir. Los grandes hombres que han amado en la Humanidad han tenido tanta gente que amar y ayudar que no han tenido ni tiempo de sentirse solitarios. Lo normal es que nos sintamos solitarios cuando, antes, hemos comenzado por estar vacíos. Todo esto es un poco duro de decir, pero creo que hay que decirlo. Porque sería horrible que nos pasásemos la vida acusando a los demás de que nos olvidan cuando, tal vez, hemos sido nosotros quienes hemos empezado por olvidar a los demás.

Incluso, si se me permite, yo añadiría que, hasta desde el punto de vista de la eficacia, amar resulta «rentable». Ya, ya sé que no hay que amar «para» que nos amen. Amar es ya, de suyo, suficiente premio. Pero es que resulta que también cuando uno ama mucho, a la corta, o más bien a la larga, termina siendo amado.

Con esto, vuelvo a decirlo, no ignoro la ingratitud humana. Pero creo que, a pesar de todo, lo normal en los humanos es reconocer el amor que hemos recibido. Puede que en la adolescencia esto sea menos visible, porque todo joven –al necesitar reafirmar su personalidad– tiende a infravalorar las ayudas que ha recibido. Pero creo que son muchos los seres que acaban por reconocer y devolver el amor que han recibido. No todos, desgraciadamente. Recuerdo que cuando Jesús curó a diez leprosos, sólo uno volvió a agradecérselo. Pero, al menos, hubo uno. Y Jesús se alegró de comprobarlo. Por eso me parece que si uno ama a diez o a ciento tiene garantizado, al menos, el agradecimiento de uno o de diez. Y sé que a Jesús le abandonaron casi todos a la hora de la cruz. Pero sé también que incluso los cobardes reaccionaron después y acabaron amándole hasta dar su vida por Él.

Hoy sigue pasando lo mismo. Los que aman, recogen amor. Y aun en la hipótesis de que no lo recogieran, siempre tendrían la alegría de haber sido útiles a otros. Y quien es útil a muchos, o no experimentará la soledad, o tendrá, cuando menos, una soledad sonora y fecunda. Que ya no será una verdadera soledad.

BUENA PRESENCIA

En este artículo de hoy voy a limitarme a transcribir una de las muchas cartas que en esta Navidad he recibido, y dejarla ahí, sin apenas comentario, para meditación de mis lectores. Es la carta de una desconocida que me dice lo siguiente:

«Soy una señorita de treinta años, tal vez algo mayor y minusválida. Estoy muy triste y, aunque nunca fui acomplejada, ahora sí lo estoy, porque la sociedad en que vivimos nos margina sin piedad.

Fui una niña normal hasta los nueve años, en que tuve una caída de un columpio, y a raíz de esto una hemiplejia lateral del lado izquierdo. No uso ningún aparato ortopédico, solamente tengo la pierna rígida y la mano (esto es lo peor) me quedó totalmente sin movimiento, pero afortunadamente nada me impidió hacer una vida normal. Ayudé siempre a los míos en las faenas de casa y aprendí a hacer con la mano derecha lo de las dos. Pues bien, no quiero que usted me compadezca, sino que comprenda cómo por este motivo soy rechazada por la sociedad. ¡Qué malos somos!

Tengo aprobado el Bachillerato, COU y tres años de informática como programadora. Hace años trabajé durante quince meses en una empresa. Mi trabajo se realizaba por las noches y trabajando a destajo. Yo me conformé con esto y daba gracias a Dios. A las personas sanas les hicieron contrato cada seis meses, como manda la ley, y se lo renovaban en el plazo marcado. Pero a las tres que teníamos defectos físicos no nos hicieron contrato alguno y se limitaban a pagarnos por horas. Cuando les pareció bien nos despidieron, y fuimos tan tontas que no les denunciamos y nos conformamos con esta situación.

Ahora llevo dos años presentándome a oposiciones por el Gobierno. El año pasado aprobé, pasando 20 puntos de los que pedían. Escribí haciendo una reclamación y me contestaron que otras habían superado más puntos que yo en los exámenes y por eso no fui aprobada. Este año repetí de nuevo las oposiciones. Estudié con toda mi alma, hasta el agotamiento; creo y sé que lo hice mejor que el año anterior. Cuando fui a ver el tablón con los nombres, el mío no constaba. Me llevé el disgusto más grande de mi vida y me pasé la noche llorando. Ya no me presentaré más a oposiciones del Gobierno, porque me parece que es una guasa.

Del seguro de desempleo parece que me toman el pelo. Ya es la tercera vez que me mandan una carta con dirección para un determinado empleo. Yo, naturalmente, vibro de contenta, pero cuando llego me dicen que la plaza está ya ocupada. Este último mes recibí dos cartas para empleo. Imagínese mi alegría. Corro, me piden mis datos, me anuncian un examen. Pero nunca llega.

Y yo me pregunto: ¡Dios mío!, ¿es que los minusválidos no valemos para nada? Es indigno. Y todavía por el periódico no se me ocurre buscar nada, porque exigen 'buena presencia'. Y yo de cara soy tan guapa como cualquiera. Pero sé muy bien para qué quieren esa buena presencia».

Dejo esta carta aquí. Y espero que mis lectores sientan –como siento yo– vergüenza del mundo en que vivimos.

83
EL CORAZÓN LÍQUIDO

Decía el cura de Ars que «el corazón de los santos es líquido». Y decía muy bien. Porque, efectivamente, cuando se llega a los cuarenta o a los cincuenta años ningún corazón es ya de carne. El de los egoístas se ha vuelto de piedra. El de los dedicados a amar se ha hecho líquido. Y quiero advertir que no estoy usando metáforas.

Porque es cierto que todo hombre, al llegar a una cierta edad, es responsable no sólo de su cara, sino también de su corazón. Y eso pasa en lo físico y en lo espiritual.

Mis médicos controlan cada dos meses una enfermedad de mi corazón que tiene un nombre precioso: cardiomegalia. Al parecer he vivido no sé ni cuantos años descuidando mi tensión arterial y, al tenerla más alta de lo justo, mi sangre ha ido golpeando mi corazón y ahora resulta que uno de sus ventrículos se ha convertido en un hotel así de grande.

Ya me gustaría a mí que el «corazón de mi alma» padeciera la misma enfermedad. Que el querer a la gente hubiera ido dilatándolo y ahora tuviese yo corazón para muchos.

Porque también en lo espiritual «la función hace el órgano». Quien se acostumbró a cerrar su alma y su corazón a cuantos le rodean, termina por tener la una y el otro acartonados, esclerotizados, petrificados. El egoísmo se paga. Y el que nunca amó está condenado a no amar jamás y a no ser querido por nadie.

Perdónenme que sea un poquito cruel y me atreva a preguntar cuántas soledades no se han ganado a pulso. Y sé que el mundo no es desagradecido y que, con cierta frecuencia, recibes rabotazos como respuesta a gestos de cariño. Pero también es cierto que la mayoría de las veces el que ama es amado y el que no tiene nadie que le quiera es, probablemente, porque él no amó a nadie. El egoísta, a la corta o a la larga, acaba siempre por firmar su autocondena a soledad perpetua.

El santo, en cambio –es decir, todo el que ama– termina por tener el corazón líquido. Se vuelve blando, un poco tonto, pero siente cómo le va invadiendo la ternura, el alma se le va volviendo flexible, hasta el punto de que quienes conviven con él nunca pueden chocar con su alma; al contrario, reposan en él su cabeza. Se han hecho de miel y se los comen gozosamente las moscas.

A mí me encantan los viejos que se vuelven no chochos, sino blandos. Esos estupendos ancianos que tienen el alma tan llena de ternura que comprenden a todos y todo. ¡Y qué pena, en cambio, esos ancianos que más que ancianos son viejos, que están envejecidos, acartonados, que no se sienten queridos porque, tal vez, no quieren ya a nadie sino a sí mismos! ¡Felices los que al llegar a la madurez perciben que el amor les ha crecido más que la sabiduría! ¡Felices los que tienen el corazón líquido de ternura! Todos los que les rodean beberán su experiencia como un agua fresca. Y se sentarán a su lado como el caminante cansado junto a una fuente.

84
EL NUEVO ÍDOLO

Confieso que, en televisión, hay algo que me fascina. Y son los anuncios. Y no porque los considere hermosos, o útiles, o porque me induzcan a comprar esto o aquello. Me fascinan porque me hacen pensar, porque me resulta apasionante investigar qué argumentos se esgrimen, qué valores se subrayan para conseguir empujar a los telespectadores al consumo. Mi conclusión –y lo siento– no puede ser más pesimista: no creo que haya en la televisión nada más anticristiano, más antihumano que sus anuncios, ese sutil y terco modo de inyectarnos en el alma todos los valores secundarios, todas las zonas tristes que inclinan al hombre a supervalorar el lujo, el poder, el confort, el sexo estéril, como el paraíso de lo humano.

Pero mi asombro llega al máximo en los anuncios de automóviles. ¿Han percibido ustedes el tono, no diré religioso, sino idolátrico, en el que todos se envuelven? El coche se presenta siempre como una divinidad. Surge en la noche con sus faros envueltos en un halo sobrenatural, entre nieblas e incienso, con músicas sacrales. O aparece entre volcanes, tigres y animales antediluvianos, como si asistiéramos a un nuevo Génesis. La voz que nos habla de sus excelencias lo hace con un tono de salmo, con ese aire misterioso y sobrenatural que las películas religiosas ponían para contar un milagro. Cuando, en un concurso, aparece el coche como premio, las azafatas se acercan a él, lo acarician, lo veneran, lo adoran, y no se arrodillan ante él por un último resto de pudor, mientras el público irrumpe con un ¡Oooooh! de asombro, como si Josué acabara de detener el sol. Es un ídolo. Se presenta como tal. Cuando invade la pantalla hasta el primerísimo plano, se le diría todopoderoso. Hay en sus brillos algo de lúbrico; en todo su inútil instrumental, algo de mitológico. Es, literalmente, un ídolo.

Naturalmente, yo no tengo nada contra el automóvil. Me parece un magnífico instrumento que ha dado al hombre moderno una libertad de movimientos que no tenía; reconozco que ha pulverizado las distancias, acortado el mundo y acercado a los hombres. Pero lo que me maravilla es toda esa simbología de la que lo hemos rodeado. Para un alto porcentaje de usuarios, el coche, más que un instrumento de trabajo, es un arma, una propaganda de sí mismos, un signo de poder, cuando no un arte de conquista, y luego, un burdel. Personas hay que dicen que han perdido la fe y que piensan que, con ello, son más racionales, y luego resulta que tienen una fe irracional en el último modelo de automóvil. Personas que se creen muy libres y son esclavas de sus automóviles. Sin recordar aquello que escribiera Bonhoeffer: «La exigencia absoluta de libertad lleva a muchos hombres a las profundidades de la esclavitud. El amo de la máquina se hace su esclavo. La máquina se vuelve enemiga del hombre. La criatura se vuelve contra su creador en extraña repetición del pecado original».

Todos los ídolos son horribles. Los ídolos modernos son el automóvil y el televisor. Y lo grave es que ningún idólatra es consciente de que es esclavo de su ídolo.

85
Y EL SÉPTIMO, DESCANSÓ

Siempre que digo misas de difuntos y repito aquello de «dales, Señor, el descanso eterno» me queda dentro la duda de si quienes me escuchan no llegarán a la conclusión de que la felicidad consiste en descansar. Y sí, claro, consiste en descansar del dolor, de la angustia, de las incertidumbres de este mundo, de los nervios que aquí nos poseyeron, pero... tiene que consistir en mucho más. Y yo me temo que lo que a algunos no creyentes les preocupa del cielo es que temen que allí van a aburrirse muchísimo.

No deja de ser curioso comprobar cuántos hombres consideran la mayor de las felicidades el hecho de no tener nada que hacer. Piensan: «El día que me toque la lotería se acabó lo de 'currar'. Desde entonces la vida será una siesta perpetua». Y yo entiendo —¡claro!— que la gente aspire a abandonar trabajos que no les gusten, horarios que les maniatan, tener que hacer las cosas no como uno las haría, sino como le apetezca «al jefe». Pero ¡pensar que la suma de la felicidad sea la vagancia...! Eso sólo puede entenderse desde la óptica de una civilización que se pasa las horas empujándonos hacia lo que no amamos.

Pero, en realidad, ¡qué horror una felicidad entendida como vacío! A mí siempre me han impresionado mucho esas personas que reculan ante la idea de la jubilación porque están convencidas de que, cuando les quiten sus rutinas laborales, su vida quedará tan hueca como un traje en un perchero. ¿Es que no tienen ninguna verdadera ilusión que no les hayan dejado realizar? ¿Es que su alma no era tan corta que se sintió saciada con un trabajo material que les dio la impresión de vivir? ¿Es que no han descubierto todas esas mil maneras en que podrían ser útiles, al margen de las laborales?

Me temo que en el mundo enseñamos a la gente a trabajar, pero no a gozar ni a vivir de otras maneras. Me temo que hasta los curas hemos confundido un poco a la gente explicándoles que Dios dejó de crear el sexto día y que en el séptimo –cuando no hizo otra cosa que amar– ya no siguió creando nada.

Y es curioso, porque en el Evangelio no se promete a nadie «el descanso eterno», sino «la vida eterna», y una vida eterna no puede ser una siesta interminable. A mí me encanta esa definición de la muerte y del cielo que escribió Léon Bloy: «Seremos arrebatados en el inmenso torbellino que la Iglesia llama descanso».

Este cielo-torbellino me gusta mucho más. No es un torbellino de prisas angustiosas, claro; sí un torbellino de profundidad y desbordamiento de amor. Porque si en el cielo no vamos a amar más que aquí, ¿para qué lo queremos?

Amigos: vivir es amar, lo he dicho muchas veces en estas páginas. Amar trabajando y luego descansar amando más. Como hizo Dios en el día séptimo. En los seis primeros hizo lo más fácil: crear nubes, pájaros, peces, mariposas, hombres. Luego mandó a todos crecer y multiplicarse para tener más cosas, más personas a las que poder amar. ¡Vaya trabajo bonito!

86

JUEVES SANTO:
LA HORA DEL VÉRTIGO

Decía Bernanos que el misterio de toda vida cristiana consiste en descubrir qué lugar del Evangelio nos ha sido destinado, qué frase evangélica fue escrita por y para nosotros. El novelista francés decía que todo cristiano ha tenido una antevida contemporánea a Cristo y que cada uno de nosotros se cruzó un día con Jesús en algún lugar de Palestina. Describir qué rincón es ése, qué palabra fue pronunciada por Cristo en ese encuentro sería la clave de toda vocación cristiana».

Bernanos mismo decía haber encontrado ya su «sitio» y se declaraba, como varios de sus personajes, «prisionero de la Santa Agonía».

Hace falta realmente mucho valor para atreverse a centrar una vida en el Huerto de los Olivos. Yo, ciertamente, no me atrevería. Porque siempre que trato de asomarme, aunque sea fugazmente, a esta hora, siento que el vértigo se apodera de mí y es más fuerte que yo. Pues, si he de ser sincero, he de confesarme a mí mismo que el vértigo de la pasión de Cristo hay que situarlo mucho más en la noche del jueves que en la tarde del viernes.

Y es que nos hemos obsesionado demasiado con la muerte física y material de Cristo. Resulta –no voy yo a negarlo– escalofriante que muera el Hijo de Dios vivo. Pero, en definitiva, ¿morir no es una simple consecuencia de haberse hecho hombre? Guillén ha cantado que, «para ser el hombre más humano», Jesús tenía que sufrir y morir. Cristo no se disfrazó de hombre durante unos meses o años. No podía, pues, volver indemne a su cielo tranquilo.

Por eso pensaba Góngora que era mucho más importante la noche de Navidad que la tarde de la Agonía. Ya que –decía– «hay distancia más inmensa de Dios a hombre que de hombre a muerte». Según ello, Cristo habría dado un gran salto de la eternidad al tiempo al venir a la Tierra, y un pequeño salto desde la vida a la eternidad a la hora de morir; un salto, en definitiva, gemelo al que antes y después que Él darían millones y millones de hombres.

Así las cosas –y si el lector no se escandaliza–, podría preguntarse si no le habremos dado una excesiva importancia a la materialidad de esos sufrimientos y de esa muerte. Y hasta podría desconcertarnos que Cristo temiera y temblara antes de esa marcha que a muchos otros hombres no hizo temer ni temblar. Si la muerte de Cristo fuera importante sólo por el «volumen» de sus sufrimientos, habría que pensar que tanto o más que Él han sido torturados muchos otros hombres desde que el mundo es mundo. Y hasta podría pensarse que, vista desde fuera, la muerte de Jesús no tuvo más «dignidad» que muchas otras muertes. En lo externo, la agonía de Cristo no tuvo el equilibrio de la muerte de Sócrates, ni la arrogancia de la de Álvaro de Luna, ni la paz de la de Juan XXIII. Ironizando, podríamos decir que muchos santos murieron «mejor» que Él.

Tiene que haber, entonces, un misterio más hondo, algo que haga más vertiginosa la muerte de Cristo que el puro hecho de morir. La clave de la pasión de Cristo no pudo ser la anécdota de entregar la vida. «El cáliz» del que pedía ser dispensado tiene que ser distinto y mucho más terrible que espinas, azotes, clavos y cruz.

Y es que no se trataba simplemente de morir, sino ante todo y sobre todo de redimir, de hacer suyos los pecados del mundo. Todos. Ahora sí hemos entrado realmente en el vértigo. Porque no se trataba simplemente de «cargar» con los pecados del mundo, como se echa un saco sobre las espaldas. Una traducción demasiado literal del *Agnus Dei* nos ha acostumbrado a pensar que Cristo cogió o quitó los pecados del mundo como coge el faquín una maleta o como se quita un estorbo de sobre una mesa. Tomar así el pecado, como con pinzas, no hubiera resultado demasiado doloroso. Se hubiera tratado simplemente de vencer un poco el asco y de limpiarse luego las manos del alma con alcohol.

Pero eso no hubiera sido redimir. La redención lleva consigo el que la víctima tome literalmente el lugar del ofensor, haciendo suya la culpa, encarnándole de algún modo.

San Pablo, que no era demasiado amigo de metáforas, lo dijo aún más brutalmente al afirmar no sólo que Cristo hiciera suyos los pecados, sino que Él mismo «se hizo pecado».

Aquí sí que hemos llegado verdaderamente al terror. Y tenemos que contradecir a Góngora, pues «si hay distancia más inmensa de Dios a hombre que de hombre a muerte», hay distancia mucho más inmensa de Dios a pecado que de Dios a hombre. El hombre no es lo contrario de Dios. Pero, asumiendo el pecado, Dios hacía suyo lo contrario de Sí mismo: volvía, podríamos decir, su alma del revés.

El cardenal Newman, con un coraje que difícilmente tendría un cristiano de hoy, se ha atrevido a bajar a lo concreto en sus imágenes al escribir sobre la Agonía en el Huerto:

«Permaneció de rodillas, inmóvil y silencioso, mientras el impuro demonio envolvía su espíritu con una túnica empapada en todo lo que el crimen humano tiene de más odioso y atroz, y la apretaba en torno de su corazón. Y mientras tanto invadía su conciencia, penetraba en todos los sentidos, en todos los poros de su espíritu y extendía sobre Él su lepra moral, hasta que Él se sintió convertido en lo que nunca puede llegar a ser, en lo que su enemigo hubiera querido convertirlo. Cuál fue su horror cuando, al mirarse, no se reconoció, cuando se sintió semejante a un impuro, a un detestable pecador. Cuál no fue su extravío cuando vio que sus ojos, sus manos, sus pies, sus labios, su corazón, eran como los miembros de un pérfido y no como los de Dios. ¿Son ésas las manos del Cordero, ojos profanados por las visiones malignas y las fascinaciones idólatras en pos de las cuales abandonaron los hombres a su adorable Creador? En sus oídos resuena el fragor de las fiestas y los combates; su corazón está congelado por la avaricia, la crueldad, la incredulidad; su memoria misma está cargada con todos los pecados cometidos desde la caída en las regiones terrestres».

Horrible, sí, visto desde los ojos del hombre, pero ¡cuánto más contemplado desde los de Dios! Pues si apenas es soportable la idea de imaginarse a Cristo haciendo suyo –sin realizarlo, pero como si lo realizara, al hacerse responsable de él– el gesto con que se dispara la bomba sobre Hiroshima; la habilidad científica con que se fabricaron los hornos crematorios de Dachau; la refinada crueldad de todos los torturadores; el frío sadismo del tirano y la enloquecida cólera del asesino; la lúbrica astucia del adúltero y la calculada pericia del mentiroso y el estafador; la hipocresía del elegido de Dios que saca jugo a su cargo; la terquedad del dedicado a odiar, que, como una pantera acechante, espera su ocasión; si apenas es soportable para nosotros el imaginarse a Cristo haciendo suyo todo esto, ¿qué pudo ser para Él sentirlo formando parte de sus propias entrañas? Nosotros nada sabemos del pecado, podemos vivir con él acurrucado en el corazón y dormir sin que nos desvele. Pero ¿podremos comprender lo que tuvo que ser para Dios «unirse al pecado», cuando Él soporta la existencia del infierno y la consiguiente separación de sus hijos por la simple razón de que no puede estar donde el pecado esté?

A Cristo le hizo falta ciertamente toda la fuerza de su divinidad para soportar ese escalofriante descenso, ese hundirse en el mal. Que sudara sangre es sólo una leve anécdota, como es el terremoto un corto signo visible del cataclismo interior producido en el centro de la Tierra. Se entiende bien que temblara y temiera, que pidiera a su Padre el alejamiento de aquel cáliz de no ser estrictamente imprescindible beberlo. No se trataba de morir. Morir es simplemente un juego junto a la horrible tarea de redimir.

Y el hombre, ¿qué hacía mientras tanto? ¿En qué pensaba, qué hacían sus íntimos, sus mejores amigos? Cumplían su vocación de hombres: dormir. Porque el destino de la Humanidad no es enterarse de las cosas verdaderamente importantes, sino dormir junto a los volcanes.

87
CUANDO DOS HOMBRES SE DAN LA MANO

Hubiera dado oro por poder asistir al diálogo entre Karol Wojtyla y Ali Agca. Haber estado allí, silencioso, sentado en el pobre camastro, olvidándome incluso de que soy periodista y de que uno de aquellos dos pequeños y temblorosos seres que conversan, como si se confesasen, es el papa y el otro su asesino. Haber oído tembloroso, como quien asiste a un sacramento, las palabras que se cruzaban seres tan distintos, a los que el destino cruzó en el fulgor de unos disparos; seres que nada sabían en realidad el uno del otro segundos antes de que la bala atravesara un cuerpo, regara de sangre la tapicería del «jeep», que cruzaría casi en volandas la plaza de San Pedro, a la misma hora en que las agencias del mundo entero abrían miles de no menos dolorosas heridas.

Me habría gustado estar allí para preguntarles qué es esto de ser hombre, por qué un ser humano puede disparar sobre otro, qué razones pueden conducir a enarbolar una pistola para cortar con ella algo tan sagrado como una vida cualquiera, tanto si es la del papa como si fuera la de un asesino.

Habría querido investigar qué ideas, qué tipo de razones pueden conducir a oprimir un gatillo. ¿Razones religiosas? Pero ¿es posible que alguien pueda llegar alguna vez a creer que pude servir a Dios matando a un hijo suyo? ¡Qué largos siglos de aberraciones, de falsificaciones de la imagen de Dios, han podido conducir a grupos humanos –incluso a seguidores de Cristo– a la monstruosa idea de que un Dios Padre tenga que ver algo con un Dios-verdugo!

Ya es –me parece– bastante doloroso que en esta oscura búsqueda en que caminamos hacia Él podamos, a veces, confundir a Dios con sus sombras para que encima caigamos en la aberración de confundirle con alguien sediento de sangre, con un devorador de aquellos que en Él no creen. Sólo los sueños locos de Goya pudieron inventarse la imagen visible del antidiós en ese Saturno que devora a sus hijos o a sus enemigos. Moloc sólo es un sueño de la demencia humana. Dios está en otro sitio: en esa cárcel en la que dos hombres se acercan y conversan, y porque se acercan se aman.

¿Quién inyectaría en la cabeza de Ali Agca la idea de que el papa era un enemigo de su Alá o de su pueblo? ¿Sólo el dinero? ¡Es demasiado poco! Sólo las ideas tienen veneno suficiente para llevar a la locura. Alguien llenó su cabeza de cualquiera de esos dogmas que son siempre peligrosos cuando se olvida que todos deben subordinarse a la más radical de todas las ideas: «La única, la última verdad, es amarse». Toda idea en la que surge o aparece la palabra enemigo tiene que ser forzosamente falsa.

Miro esta fotografía en la que dos hombres hablan: no hay enemigos ahí. Dadme una foto como ésa y construiremos el mundo.

Me habría gustado también, claro, oír las palabras que Juan Pablo diría a su asesino. Pero en éstas siento menos curiosidad. Son fáciles de imaginar. Seguramente son las mismas con las que describió a Dios en una encíclica como el «rico en misericordia». Son viejas palabras: perdón, comprensión, misericordia. Palabras que algunos creen que los cristianos decimos desde arriba, con el orgullo del que saborea el placer de sentirse y saberse magnánimo. Pero nunca se perdona desde arriba, sino acercándose en un rincón, a la misma altura, en voz baja.

Me hubiera gustado, eso sí, escuchar con qué tono se dijeron esas palabras por parte del papa, cómo fueron oídas por el joven Ali.

No hace muchas semanas, una dulce periodista televisiva, batiendo el récord de inhumanidad, se atrevió a preguntar, como quien hace una gracieta, a un sacerdote, y aludiendo al papa, si él creía que Cristo llevaría chaleco antibalas. La pregunta nos hirió a muchos como un disparo de frivolidad. En primer lugar, porque es un hecho que el papa se ha negado a los chalecos antibalas. En segundo, porque si él no tuviera el pequeño derecho a defender su vida lo tendríamos los muchos que le amamos y queremos que siga estando entre nosotros. En tercer lugar, porque esa pregunta sólo tiene derecho a formularla quien tenga su cuerpo ya atravesado y siga exponiéndolo a diario a los disparos.

Yo sé muy bien que Juan Pablo II está más que dispuesto a subir a la cruz el día que sea necesario. ¿Es que no sube acaso en la renuncia permanente a su vida privada, en el riesgo diario de sus baños de multitud, en los aplastantes itinerarios de todos sus viajes?

De todos modos, lo que importa no es jugarse la muerte, sino construir la vida. Y esa foto construye. A mí me gustaría que ahora el papa consiguiera la amnistía para su asesino. Pero muy por encima de los frutos personales me emociona pensar que dos ¿enemigos? puedan encontrarse, dialogar, regresar a la hombría total en la que ingresamos por la palabra y de la que huimos por los disparos.

Escribir este día con lápiz gozosamente rojo en mi calendario: porque el mundo retrocede en cada hombre que mata y estalla como una primavera cada vez que dos hombres que se creían adversarios se dan la mano.

Me pregunto qué pensarán hoy los miles de lectores que contemplarán esta portada: ¿Ternura? ¿Emoción? ¿Esperanza?

Recuerdo que el día que murió Juan XXIII, un desconocido taxista me dijo: «¡Pobrecillo, hay que ver el trabajo que le está costando morir! Yo me puse a pensar anoche cómo podría ayudarle en algo y me acordé de que hacía un año que no me hablaba con mi cuñado. Le llamé. Cenamos juntos. Volvimos a ser amigos y me acosté feliz porque había ayudado en algo al papa. En definitiva, si él recibió al yerno de Kruschev, ¿por qué no iba a poder recibir yo a mi cuñado?».

Bajé del taxi temblando. Durante los días anteriores todos los periódicos del mundo habían buscado cientos de interpretaciones políticas al gesto del papa Roncalli: los avanzados lo veían como una insólita puerta hacia la distensión. Los conservadores, como un gesto imprudente que podía dar miles de votos a los comunistas. Aquel taxista lo había entendido: la hermandad era anterior a la política.

Por eso yo no sé lo que significa este encuentro entre el papa y Ali Agca. No sé qué saldrá de ese diálogo. Sé que yo, cuando termine de escribir este artículo, tendré la obligación de preguntarme: «José Luis, ¿contra quién has disparado en este año que concluye? ¿A quién deberás acercarte antes de que el mes concluya?».

Dicen que este año es el año de la reconciliación. Ahora lo entiendo; reconciliarse es sentarse todos juntos en un rincón y llorar juntos, porque los hombres somos idiotas y aún no hemos empezado a aprender la primera lección, que es amar y no dispararnos —nunca, por nada— los unos a los otros.